U0147809

《鬼谷子》智慧全解・上冊

丁一 著

前言
PREFACE

　　鬼谷子，一個傳說，一代傳奇，有人傳他能撒豆成兵，有人說他能呼風喚雨、預知吉凶。這些傳言或許有些誇大其詞，神乎其神，但在中國古代歷史上，鬼谷子的確是一位上知天文、下知地理的博學家。鬼谷子，生卒年不詳，姓王名詡，又名王禪，春秋戰國時期衛國朝歌（今河南淇縣）人，也有人說他是楚國人，縱橫家之鼻祖，著名的思想家、謀略家、軍事家。因他常入雲夢山採藥修道，隱居周陽城清溪之鬼谷，故自稱鬼谷先生，世稱鬼谷子，後人又稱其為「王禪老祖」。

　　關於鬼谷子，史料記載得很少，最早的記載出現在司馬遷的《史記》。司馬遷在《史記・蘇秦列傳》中說：「蘇秦者，東周洛陽人也。東事師於齊，而習之於鬼谷先生。」在《史記・張儀列傳》中說：「張儀者，魏人也。始嘗與蘇秦俱事鬼谷先生。」不過，野史以及民間卻有很多關於鬼谷子的傳說。明代著名小說家馮夢龍所編著的歷史小說《東周列國志》中這樣說道：「其人通天徹地，有幾家學問，人不能及。哪幾家學問？一曰數學，日星象緯，在其掌中，占往察來，言無不驗。二曰兵學，六韜三略，變化無窮，布陣行兵，鬼神不測。三曰遊學，廣記多聞，明理審勢，出詞吐辯，萬口莫當。四曰出世學，修

真養性，服食導引，卻病延年，沖舉可俟。」鬼谷子不僅被歷代縱橫家們奉為鼻祖，兵家也相當崇尚其謀略，甚至民間占卜、相面之人也視其為自己的祖師爺。由此可見其影響之深遠。

而集其思想之大成者《鬼谷子》一書，思想內容極為豐富，涵蓋了哲學、政治學、軍事學、心理學、社會學、文學、情報學等多種學科門類，是一部價值獨特、色彩神奇的經典著作，歷來享有「智慧之禁果，曠世之奇書」的美譽，在中國的傳統文化當中享有「奇正詭詐」的評價。說它奇，因為它奇招妙計層出不窮，且招招見血，出奇制勝，令人防不勝防；說它正，因為它遵循自然陰陽之道，緊隨事物發展規律，可用來治國安邦，匡行大道；說它詭，因為兩千多年來，它在生活中無處不在，人們雖然經常用它來解決問題，可是對它知之甚少；說它詐，因為它猶如一把鋒利的寶劍，用於正道可成就功名，無往不利，用於邪路則殘害忠良，無惡不作。這就是鬼谷子的思想，用正則更正，用邪則更邪，囊括了奇謀佳策，充滿了陰謀奸詐，無所不出，無處不入，究竟如何用，就看你走哪條路了。

當今社會，紛繁複雜，競爭激烈，所有人都在奮力拚搏，以求在競爭中占據一席之地。在這些競爭中，人們不僅要遵守法律、堅守道德，很多時候更需要運用智慧謀略、揣度分析等手段，尤其在商業競爭中，詭辯、技巧、謀略幾乎無所不在。所以，在知識經濟時代，人們更應該學會運用智慧去量權、揣情，去辨識來自對方的詭辯形式或韜略智謀。於是《鬼谷子》的謀略便格外受到人們的重視。在現實生活中，人們不僅借鑑其軍事謀略、外交謀略、政治謀略，而且還將其謀略思想廣泛運用於經濟活動甚至人與人的交往當中，以助自己平步青雲，永立潮頭。

《鬼谷子》一書雖然是文學寶庫中的一部奇葩精品，但它畢竟年代久遠，內容深奧，文字晦澀，現代人閱讀起來相當困難。為了讓這部經典著作綻放異彩，為在競爭潮中遨遊搏擊者盡一份綿薄之力，我們特將《〈鬼谷子〉智慧全解》一書奉獻給廣大讀者。本書根據《鬼谷子》的權威版本，甄別、博采眾家之長，力求對原文做出精當而順暢的註釋與翻譯，並對其精華思想進行細緻的解讀，精選最具代表性的經典案例，對鬼谷子思想進行佐證、詮釋，使鬼谷子的智慧更加大眾化，希望能對廣大讀者有所幫助。

目錄
CONTENTS

捭闔第一：
掌握規律，順勢而為

「捭」，開啟；「闔」，閉藏。「捭闔」即為開合的意思。鬼谷子說：「此天地陰陽之道，而說人之法也，為萬事之先，是謂圓方之門戶。」在鬼谷子的思想中，「捭闔之木」是世間萬物發展變化的普遍規律，只有掌握了「捭」與「闔」的關係，才能更好地解決事物矛盾，更好地為人處世。

陰陽開闔，變化之朕

粵若稽古[1]，聖人之在天地間也，為眾生之先[2]。觀陰陽之開闔（hé）以名命物，知存亡之門戶[3]，籌策萬類之終始，達人心之理，見變化之朕[4]焉，而守司[5]其門戶。故聖人之在天下也，自古及今，其道一也[6]。

【註釋】

①粵若稽古：順著一定的規律去考察歷史。粵，發語詞，沒有實在意義。若，順著。稽，考察。②眾生：指自然界一切生靈。先：先知先覺。③知存亡之門戶：知曉生死的關鍵所在。④朕：徵兆，跡象。⑤守司：把握，掌握。⑥其道一也：指聖人的道是恆一不變的。

【譯文】

考察古今歷史，可以知道聖人是天地間芸芸眾生的先導者。聖人們能夠通過對世界上萬事萬物陰陽開合的變化來揭示它們的本質並給它們命名，能夠知曉世間萬物生成、發展、滅亡的關鍵所在，洞察萬物發展的始終，而且能夠深入人們的內心，洞察世人的心理變化規律，掌握事物、人事的發展徵兆，從而把握其關鍵所在。所以，聖人在人世間、在社會上立身處世，從古到今，都遵循同一個大道。

【智慧全解】

鬼谷子認為，聖人之所以為聖人，關鍵是懂得陰陽開闔之道，用

現代的話來說，就是要與時俱進，順應時代發展的潮流，遵循天下興衰更替的規律。孫中山提倡「興亡之道，敢為天下先」，其實也是這個道理。「敢為天下先」的先決條件，就是要順應時代之潮流，遵循一定規律：一是要順應歷史大勢，二是要順應領袖賢愚，三是要遵循民心向背。這三個要素直接決定著事情的發展趨勢及事業的成敗。

無論在戰爭中，還是在商界裡，要想占據領先地位，取得成功，都要懂得陰陽開闔之道，萬物變化之理，遵循「敢為天下先」的興亡之道。一個企業，只有順應時代發展的需要，洞察商業先機，堅持自己的品牌戰略，並由一個卓越的領袖帶領，才有可能邁向輝煌。就拿微軟公司來說，該公司引領著全球信息化的浪潮，傾力發展小型家用計算機，給人們的生產和生活帶來了巨大便利。至於這艘商業巨輪的舵手比爾・蓋茨，即使除去「世界首富」的炫目光環，我們依然能感受到他那份難得的執著與睿智。在一次接受《金融時報》採訪時，比爾・蓋茨誠懇地說：「我也曾有過頹廢和虛怯。微軟公司在起飛過程中遇到的困難和阻力一次比一次大，從技術難關、競爭對手的圍攻到政府的指控，如果我不是最終以勇氣和毅力戰勝頹廢和虛怯，把難關變成發展的機會，恐怕早就被市場競爭的浪潮淹沒了。」

無數事實證明，「興亡之道，敢為天下先」的道理從古至今都是一樣的，它不僅需要領袖具有遠見卓識的能力、「冒天下之大不韙」的勇氣，還需要其順應時代的發展潮流，並具有堅定不移的氣魄。

【閱讀延伸】

春秋前期，齊國出現了一個大政治家，名叫管仲，他輔佐齊桓公

九合諸侯，一匡天下，使齊國成為五霸之首，使魯國也不得不臣服於其下。然而，管仲去世後，齊國就一蹶不振了，直到齊景公時，齊國又出現了一位賢相晏嬰，齊之國勢才又逐漸上升，魯國又被齊國壓制於其下。

然而，就在這時，魯國出了一位名叫孔丘的大思想家。孔丘學識淵博，頗受魯定公器重。在齊魯夾谷之會上，魯國因為有孔丘的輔佐而占了上風，齊國落敗。齊景公為此甚為擔憂，便召來大夫黎彌徵求應對之策，「如今，魯國慢慢地強大起來，並有了壓倒我國的勢頭，你看我們該如何是好呢？」黎彌也是一個頗有智慧之人，他回答說：「這有何難，俗話說，擒賊擒王，只要我們制住關鍵人物，魯國就壓不到我國頭上。也就是說，只要我們想辦法把孔丘擠走，魯國就強盛不起來。」齊景公說：「嗯，我也知道這個道理。可是魯定公如今非常信任孔丘，我們怎麼才能把他擠走呢？」黎彌說：「這個容易，魯國國君本來就是一個好色之人，他的手下裡也會有這樣的人物。而孔丘卻要求『政者正也』，一再強調國君要為全天下人做表率。我們可以給魯君送一隊女樂，讓他沉迷其間。孔丘見國君如此，一定會又生氣又擔憂，一定會去勸阻，勸阻得多了，魯君一定會生氣，進而疏遠他。如此一來，孔丘必定會感覺前途黯淡，一定會自動離開。」景公一聽，連連稱好，於是依計而行，命令黎彌去挑選了八十名美女，教以歌舞，授以媚術，訓練成熟之後，又選出一二〇匹好馬，特別修飾，配以雕鞍，連同美女，一起送到魯國，暫時被安排到魯都城南門外驛館中。

魯國有一位很受魯定公寵愛的大臣，名叫季斯，此人也是一個好

色之輩。他首先得到了這個消息，心中別提多高興了，為了探知虛實，便換了便服，乘車去南門外偷看。只見齊國美女輕歌曼舞、妖聲遏雲、舞態弄風。季斯直看得涎水直流、意亂神迷。從那以後，他天天微服去南門外欣賞，甚至把朝見君主的事都拋在了九霄雲外。直到魯定公三番五次宣召，才把他召進殿裡。定公把齊國贈送美女、名馬的信交與他看，商量定奪之策。季斯一個勁兒地慫恿魯定公答應下來，並添油加醋地描述起齊女之美態，直把定公說得心蕩神迷、按捺不住，當即換上便服，與季斯前去偷看。

齊國的使者認出了魯定公，心中竊喜，知道事情已經成功了一半，於是暗中傳令，讓舞女使出全身解數，賣力表演，以誘惑魯定公，直把魯定公看得神蕩魂飄，齒酸涎流。他立即回宮，傳令召見齊國使者，表示願意接受齊國的美女名馬。從此以後，魯定公果然沉迷於美色之中，疏於朝政，把國家大事拋到九霄雲外。

孔丘聽說後，趕緊前往勸諫，可是魯定公哪裡肯聽呢？孔丘接二連三地勸說，魯定便疏遠了他。孔丘受到冷落，心灰意冷。他的弟子子路勸他離開魯國，四處周遊，訪求賢明之君。可是孔丘不甘心，說：「再過幾天就是郊祭大典了，看看國君的表現再說吧！」誰料，到了郊祭那天，魯定公完全不在狀態，一副心不在焉的樣子，草草祭完，連祭肉都沒顧上分割發送，便急急忙忙回宮享樂去了。孔丘心中長嘆，終於下定了決心，離開魯國，開始了他那長達十四年的周遊。自此之後，魯國一蹶不振，成了齊國的附屬國。

在這一場較量中，齊國取得了勝利。之所以有這樣的結果，正是因為齊國懂得陰陽開闔之道，知道決定存亡的門戶所在，他們通過觀

察陰陽、分合等自然現象的變化，對世間萬事萬物的變化進行辨別，並進一步了解和掌握事物的本質屬性，從而找到解決問題的關鍵所在——魯定公的好色，孔丘的失望，於是對症下藥，使了個美人計，離間了魯定公與孔丘的關係，氣走使魯國走向強盛的關鍵人物孔丘。魯國因此而落了下風，逐漸淪為齊國的附屬國。

守司門戶，察其先後

變化無窮，各有所歸[①]，或陰或陽，或柔或剛，或開或閉，或弛或張。是故聖人一守司其門戶，審察其所先後，度權量能，校（jiào）其伎巧短長。[②]

【註釋】

①各有所歸：世間萬物的發展變化都有一定的規律。②度權量能，校其伎巧短長：度量萬物的才能，比較萬物各自的優劣。權，權變。能，才能。校，比。伎巧，工巧的意思。

【譯文】

世間萬事萬物的變化儘管是無窮無盡的，但都有其自身的本質和發展規律：有的陰，有的陽；有的柔，有的剛；有的開放，有的閉合；有的鬆弛，有的緊張。所以，聖人掌握了事物關鍵，就能考察事物的先後順序，度量萬物的才能，比較萬物各自的優劣。

【智慧全解】

鬼谷子認為，世間萬物千變萬化，但都有其固有的規律可循，這些規律是客觀存在的，我們可以認識並掌握它。隨著時間與知識的增長，我們對規律的認識會越來越深刻，慢慢地，我們就可以把它們整理成知識，然後利用這些規律進行實踐活動。

阿基米德曾說：「給我一個支點，我就能撬動地球。」這個支點之所以能撬動龐大的地球，最重要的一點就是他找到了其中的客觀規律，這就是槓桿原理。這個支點是起著決定作用的關鍵點，也就是做事的突破口。

在處理事情的時候，如果遇到瓶頸或是碰到麻煩，不要死磕，不妨停下來，仔細尋找一下事情的規律，從中尋找突破口。這就好比遇到一頭犟驢，如果驢不願意走，無論怎麼拉它、抽它，它都不為所動，這樣的犟驢，人們很難制服，之所以這樣，主要是因為驅使者沒有找到驢的死穴，即驢子肚皮中點至脊柱中點這條弧線的左側方約五分之一處的地方，如果驅使者往那裡踢上一腳，驢就會乖乖聽話，什麼驢脾氣都沒有了。這個死穴就是收拾驢的突破口。找到了突破口，問題解決起來就變得容易多了。

古今中外，大凡成功者之所以能夠世事洞明，顯名遠颺，功成名就，其最關鍵的因素就是他們始終遵循著事物變化的規律行事，或陰或陽，或剛或柔，或開或閉，或張或弛，守司門戶，察其先後。

【閱讀延伸】

話說劉邦建立西漢後，想到的第一件事要犒賞那些跟隨自己出生入死打天下的眾將士，也就是分封功臣，他一口氣分封了張良、蕭何、曹參等二十多個大功臣，然而，他的做法卻引起了眾多中小功臣的不滿，這些人爭先恐後地在劉邦面前表功，希望得到分封，可是到頭來分封名單中卻沒有自己，抱怨之聲盈滿朝堂。劉邦為此很是發愁，不知道該如何安撫這些人，一來二去，分封的事就耽擱下來。

他這一耽擱不打緊，更大的危機降臨到漢家王朝。原來，那些還沒有得到封賞的眾將領整日仰望權貴齊天的漢朝皇帝，內心開始不平衡起來，他們認為，楚漢爭霸多年，自己在其中立下了不小的功勞，現如今，劉邦得到了天下，卻忘記了自己的功勞，這些人哪裡能服氣呢？他們紛紛焦急萬分地觀望著朝廷的動向。

有一天，劉邦坐在洛陽南宮，放眼望去，見遠處不少將領三五成群地聚集在沙地上，神情激動地低聲交談。他心中納悶至極，便問陪在身邊的留侯張良：「那些人神神祕祕地在說什麼？」

張良當然知道下面眾將領的不滿，於是便直截了當地回答：「陛下不知道嗎？他們在謀反。」

「什麼？」劉邦一聽，震驚不已，「天下剛太平安定，他們為何要造反？」

張良解釋道：「陛下由布衣起兵，依靠他們才奪得天下。如今陛下做了天子，封賞的功臣都是同陛下關係密切、受陛下喜愛的人，殺掉的都是陛下平時切齒痛恨的仇人。他們既擔心得不到您的封賞，又害怕您記恨他們平日的過失而殺了他們，所以聚在那兒準備造反呢！」

劉邦聽後，覺得張良所言似乎有些道理，馬上擔憂起來，急切地問道：「那現在我怎麼辦才能阻止他們造反呢？」

張良沉思良久，之後反問劉邦：「陛下平日在眾將中對誰最憎恨、最討厭而且是群臣都知道的？」

劉邦說：「雍齒啊，他曾好幾次背叛我投降他軍，讓我蒙受奇恥大辱，逼我陷入困境，還差點喪命，這是很多人都知道的。提起他我就恨得牙根直癢，真想把他殺了，只是念他功勞顯赫，又和我是同鄉，所以一直不忍心下手。」

張良認真地說：「那就先封雍齒，群臣見陛下連痛恨的雍齒都能封賞，就確信自己也能得到封賞了，軍心也就安定了。」

劉邦儘管心有疑慮，但是為了朝廷的穩定，還是採納了張良的建議，馬上擺酒設宴，召集群臣開懷暢飲，對自己所憎恨的雍齒論功行賞，封其為「什邡侯」。

這場酒宴可謂是滿朝上下一片祥和，大臣們個個笑逐顏開，酒宴結束後，私底下紛紛議論：「陛下把平時最憎恨的雍齒都封侯了，我們還有什麼可擔心的呢？」

消除了大家的疑心後，劉邦命令丞相和御史們加快論功封賞的步伐，對有功之臣加官晉爵。如此一來，眾將領的不滿平息了，政局也得以穩定。此舉為漢初的發展打下了堅實的政治和群眾基礎。

張良之計之所以能取得如此好的效果，關鍵在於他的做法抓住了行賞的「門戶」，分封雍齒，讓眾將領安了心——皇帝最憎恨的人都得到了封賞，自己還擔心什麼呢——這樣一來，這些人的心就安定了，把可能使漢王室時局不穩的因素消滅於萌芽之中，減少了漢王室的後患。如果沒抓住這個突破口，就算劉邦分封再多的人也無法達到贏得人心、穩定政局的目的。

隨其嗜欲，以求其實

夫賢不肖、智愚、勇怯有差，[1]乃可捭（bǎi），乃可闔；乃可進，乃可退；乃可賤，乃可貴，無為以牧之[2]。審定有無與其實虛，隨其嗜欲以見其志意。微排[3]其所言而捭反之，以求其實，貴得其指[4]；闔而捭之，以求其利。

【註釋】

①賢：有德才的人。不肖：不具有德行、才能的人。有差：等級。②無為：順應自然。牧：治理，處理。③微排：暗中排查。④得其指：得到對方的真實目的。指，通「旨」，主旨。

【譯文】

賢良者、不肖者、智慧者、愚蠢者、勇敢者、怯懦者，是有差別的，應該根據情況區別對待，或捭或闔，或進或退，或賤或貴，順應每個人的特點控制他。如果想審察對方的有無、虛實，通常要順著他的愛好和慾望來發現他的志向，暗中排查其言辭，然後根據已經知道的情況反問過去，以便探清實情，了解他的真實意圖，先不開口，誘導對方說話，就可以探知對方的利益所在。

【智慧全解】

鬼谷子認為，世上之人有賢良與不肖、智慧與愚蠢、勇敢與怯懦等區別。無論是在國與國之間遊說，還是在現實生活中與人交往，都

應根據具體情況，分清不同對象，區別對待。要善於找到對方的優勢與弱點，見縫插針，來達到自己的目的。

在人際關係中周旋，最好的策略就是抓住對方的弱點並使之為己所用。人無完人，世上的任何一個人都不可能完美無缺，都有會各種缺陷、弱點，這就好比孔雀，在開屏的時候儀態大方，美得不可方物，可是卻把醜陋的屁股顯露了出來。成功之人之所以成功，就在於他們善於洞察對方的特點，從中尋其弱點，抓住其弱點，對之進行攻破。由此可見，練就一雙識人的慧眼，隔著肚皮去讀懂人心，是立足於這個以人為本的社會中成就一番大事業的必備條件。

我們中國人有句俗話，那就是「打人不打臉」，每個人都「好面子」，這是人們普遍具有的特點，也是人性的一個弱點。任何人都有虛榮心，都希望在他人面前掙面子，因此，在與人相處中，我們要善於利用人性的這一弱點，在人的虛榮心上大做文章，給足對方面子，使其為我所用，我們就可能從中獲得巨大的實惠。

【閱讀延伸】

春秋末期，齊國舉兵攻打魯國。魯國比較弱，而齊國很強大，這一形勢對魯國而言相當危急。子貢得知後立刻跑到齊國遊說，他首先拜見了田常。因為他知道田常是個野心家，正謀劃著篡位奪權，想藉助這場戰爭來剷除異己，於是子貢對田常說：「憂在外者攻其弱，憂在內者攻其強。」勸田常不要攻打弱小的魯國，而應該去攻打強大的吳國，這樣做才能製造更大的聲勢，達到自己不可告人的目的。

田常聽了子貢的話，有些動心，可是當時齊國已經做好了攻打魯

國的準備，怎樣才能使其掉轉矛頭去攻打吳國呢？田常找不到藉口，發了愁。這時子貢笑著說：「我可以為你效勞，我馬上前往吳國，說服吳王夫差救魯攻齊，這樣一來，您不就有理由跟吳國開戰了嗎？」田常痛快地答應了。

子貢馬不停蹄地跑到吳國，對吳王夫差說：「大王，如果齊國攻下魯國，勢力增強，一定會掉轉過頭來攻打吳國，到時您可就麻煩了。常言道：『先下手為強，後下手遭殃。』為了避免以後麻煩，您為何不現在就與魯國聯手攻打齊國呢？吳國也正好借這個機會成就一番霸業。」夫差覺得子貢說得很有道理，不過，他也有些擔心，怕自己的老對手越國趁機在背後攻打自己。看到吳王夫差有些猶豫，子貢馬上說：「大王不用擔心，這事交給我吧！」

子貢離開吳國，馬上趕往越國。到了越國，他又費盡口舌說服越王跟吳國一起攻打齊國，這樣就解除了夫差的後顧之憂。做完這一切後，子貢轉念又一想：吳國戰勝齊國後，一定會趁機要挾魯國，那樣的話，魯國照樣會有麻煩。想到此，子貢又悄悄來到晉國，向晉定公講明利害關係，遊說他趕緊備戰，以防止吳國進犯。晉定公壓根沒朝這方面去想，現在聽子貢這樣一講，頓時嚇出一身冷汗，心想：「對啊，吳國如果取得了勝利，國力一定大漲，而夫差又是一個野心極大的人，到時說不準真的會來攻打晉國。我怎麼沒想到這一點呢？幸虧子貢提醒！」於是趕緊下令全國進入戰時狀態，做好戰前準備。

後來，齊國興兵伐魯，夫差果然率十萬大軍攻齊救魯，越魯兩國也派兵參戰，齊國大敗，只得求和。夫差也果然趁著勝利之勢，轉而攻打晉國，而晉國早有防範，很快就打退了吳國。如此一來，魯國不

僅得救，前來救魯的這些國家，也沒能從魯國得到什麼便宜。

　　子貢真可謂是一個擅長洞察人性、善於捭闔之術的人物，他知道人有勇怯、賢愚之分，國家也有利益矛盾之別，於是他充分抓住各個國家的需要與國君的心理，利用他們之間的矛盾，區別對待，向他們講明各自的利害關係，巧妙周旋，實現了自己的預期目的，從而解除了魯國面臨的亡國之危。

開而示之，闔而閉之

　　或開而示之，或闔而閉之。開而示之者，同其情也；闔而閉之者，異其誠[1]也。可與不可，審明其計謀，以原其同異。離合有守，先從其志[2]。

【註釋】

　　[1]異其誠：考察對方誠意如何。[2]從其志：掌握對方的思想。從，跟從，掌握。志，意願，意志。

【譯文】

　　或者把自己的真實情況向對方公開，或者不公開自己的真實情況，而是隱藏起來，不讓對方知道。向對方展示自己的真實情況，是用贊同的辦法使雙方思想相合；把自己的真實情況隱藏起來，是用反對的辦法來試探他的誠意。以上辦法可用還是不可用，首先要弄明白對方的想法與謀劃，以此來查明己方與對方是相同還是不同。是離是合需要等待時機，先盡量滿足對方的意願，然後適時而動。

【智慧全解】

　　日常生活中，有人口若懸河，有人沉默寡言。不過，人們普遍認為，喜歡說話要比不喜歡說話好一些，人們似乎也更願意接近那些愛說話的人，這樣的人至少顯得情商高一些，在社會上似乎更吃得開。

這話聽上去好像有些道理。但是，喜歡說話並不等於會說話，這一點一定要區別開來。鬼谷子認為，真正會說話的人，懂得什麼時候該說，而且一開口就能說到點子上，能發揮最大的效用；到了該沉默的時候，他們一定會保持沉默。

很多人認為，直言上諫是一種應該褒獎的行為，歷史上也曾湧現出很多可歌可泣的諫臣，可是再來細看，那些直言上諫的忠臣們都落得個什麼樣的下場呢？善終者少之又少，大多數遭到禍患、無疾而終。會說話的人絕對不會不顧一切地直言，以致於落得個人頭落地的悲慘結局，他們該直言時才會直言，直言時一定會斟詞酌句，說出的話擲地有聲，以達到救人危困的目的。假如直言變成了激憤之辭，就有可能言而無功，甚至殃及自身，所以進諫也要瞅準時機。

俗語說：「病從口入，禍從口出。」在日常生活中，每個人都經歷或是遇到過因為說話不當而產生矛盾的事情。所以，古往今來，許多人都把「沉默是金」作為自己立身行事的一條原則。唐朝詩人劉禹錫的《口兵誡》說：「我誡於口，唯心之門。毋為我兵，當為我藩。以慎為鍵，以忍為闇。可以多食，毋以多言。」可見人們對言多語失是何等的慎誡。時至今日，我們雖然不再崇尚「沉默是金」的信條，但在某些場合，還是少說為宜。

與直言相比，沉默好像很簡單，其實不然，要做到沉默還真的不容易。歷史上，面對高高在上的君主，很多名臣都曾面臨說與不說的抉擇。尤其在涉及道義問題的時候，這種抉擇將變得非常艱難。一言不慎而殺身成仁者，哪個朝代都有。儘管贏得青史美名，但畢竟是悲劇結局。「伴君如伴虎」這句話，道盡了臣子們的這種尷尬與無奈。

而對於一些朝臣而言，讓他遇到一些當講之事卻一直保持沉默，又有違自己的良心或職責。所以，在說與不說的問題上，確實集中反映了一個人的智慧與謀略。

鬼谷子認為，在敵我雙方的局勢尚未完全明朗，或者說敵方的力量遠大於自己的時候，採取附和或者沉默的方式來應對，同時積極謀劃以圖大事，才是一個智者所為，而這也正是鬼谷子捭闔之道的精髓所在。

【閱讀延伸】

大家都知道唐太宗是一代明君，善於納諫，把唐朝治理得井然有序，繁榮昌盛。然而當唐太宗看到舉國上下一片祥和之時，便產生了驕傲情緒，身為諫臣的魏徵哪能置之不管、沉默不語呢？所以他一直想找機會向唐太宗進諫。

有一天，唐太宗又新添了一個皇孫，高興之餘，便設宴慶賀，大臣們都受寵若驚地去了。席間，太宗高興地說：「貞觀之前，隨我奪取天下的是房玄齡；貞觀以來，幫我糾正錯誤的是魏徵。」說完便差人取來兩把漂亮的佩刀，賞給了房玄齡和魏徵。房玄齡爽快地接受了，而魏徵卻一副憂慮重重的樣子，堅決不接受，並言明他受之有愧。太宗很納悶，不知他為什麼要這樣說，急問：「你說這話是什麼意思？」魏徵說：「這些年來，政事已經比不上貞觀之初了，這說明我沒有盡到糾正各種錯誤的職責，所以臣受之有愧。」太宗更加不解，問：「難道我的政事比不上過去了嗎？」魏徵說：「陛下權威比貞觀初年高了很多，但是人心悅服這一點卻不如過去了。」太宗追問

道：「從何說起呢？」魏徵說：「陛下以往始終為國事擔憂，所以政績越來越好。而現在則以為國家治理得很好了，心安理得起來，所以不如以前了。」太宗說：「我現在做的，還是過去那些事啊，你為什麼會說不同了呢？」魏徵回答說：「貞觀之初，陛下唯恐群臣不提意見，經常鼓勵大家，遇到有人進諫，都是很愉快地接受。可是近年來，雖然也能接受一些意見，可是從內心裡感覺不舒服。」太宗聽了有點吃驚，急忙問：「何以見得？」魏徵順勢說：「陛下剛即位時，判元律師死罪。大臣孫伏伽進諫，認為按照法律不應該判他死罪。陛下欣然接受了意見，並賞給他一座很大的園子。有人說賞得太多了，陛下卻說，『即位以來，還沒有人向我提過意見，孫伏伽是頭一個，所以朕必須厚賞他。』這是您主動引導人們進諫。」魏徵看唐太宗並沒有因為自己的話而發火，就接著說：「前不久皇甫德上書，說修洛陽宮是勞民傷財的事情，收地租是剝削百姓，婦女流行高髻是宮中傳出的奢靡之風。陛下卻發怒了，不僅狠狠地訓斥了皇甫德參，還以誹謗之罪懲辦了他，臣苦苦勸說陛下，陛下才沒有將其治罪，陛下雖然接受了意見，但接受得非常勉強。」

唐太宗因為得了皇孫，心情特別好，所以聽了魏徵的諫言，沒有惱怒，而是拍掌大笑道：「好，我要把你剛才的話抄錄下來，早晚閱讀，以提醒自己，並要史官寫入史冊中。」

魏徵批評唐太宗，很會挑時機，挑在唐太宗心情愉悅之時，這才使皇帝欣然接受了勸諫。這說明魏徵非常精通「開而示之，闔而閉之」的道理，知道什麼時候該說，什麼時候該保持沉默。

闔而取之，闔而去之

即欲捭之貴周，即欲闔之貴密。周密之貴微，而與道相追。
①捭之者，料其情也；闔之者，結其誠也。皆見其權衡輕重，乃
為之度數。聖人因而為之慮，其不中權衡度數，聖人因而自為
之慮②。故捭者，或捭而出之，或捭而內③之；闔者，或闔而取
之，或闔而去之。

【註釋】

①微：隱蔽。道：陰陽之道。追：相隨，相合。②自為之慮：自
己另作謀劃決策。③內：同「納」，接納，吸收。

【譯文】

如果要用捭的辦法，必須做到周全；如果要用闔的辦法，務必做
到嚴密，若要謀劃周全、精密，關鍵是行事要隱蔽、不露聲色，隱蔽
的最高境界在於它極為微妙，而且與自然之道相合。使用捭的辦法使
對方開，是為了探測對方的虛實真假；使用闔的辦法，則為了爭取對
方的真誠合作。聖人都是根據對方的實際需要來揣度對方的想法，然
後再根據他的想法來為對方謀劃。聖人因勢而考慮，如果與對方的意
願或實際需要不合，就根據自己的情況另行考慮。因此，對人使用捭
術，或能讓對方將真實情況暴露出來，或能讓對方開而接納己方的觀
點；使用闔術或能使己方有所收穫，或能使己方順利地躲過禍患。

【智慧全解】

鬼谷子認為，一個人要想做事成功，不能只有膽量，還要有城府，空有膽大就是魯莽無腦，無論是開是闔，無論是示還是閉，都要考慮周全，策劃縝密。假如捭闔得不好，就會讓自己的門戶大開，讓對方乘虛而入，占據上風。捭闔之道的一個關鍵之處就是要懂得「閉」，以確保自守門戶，韜光養晦，渡過難關，從而占據先機，一舉成功。古今中外，但凡有所建樹之士，都懂得這個道理。

無數事實證明，捭闔之術用於政治鬥爭，能使強弱形勢相互轉化。弱者通過自守門戶，能使強者不自覺地打開門戶，放鬆警惕，從而達到以弱勝強的效果。

在當今這個社會中，捭闔之術也有其用武之地，無論是在經濟活動中，還是在與人交往中，如果沒有一點手段和謀略，是行不通的，坦蕩、直白即使一時得利，也不會長久，勝利果實最終會被他人搶走。只有了解對方的實情，抓住對方的心理，進而將其攻破，才能讓自己占據主動。

楚霸王項羽自詡「力拔山兮氣蓋世」，是歷史上名垂後世的英雄，但他也只是歷史上的英雄而已，並不是那場戰爭的最後勝利者，究其原因就是因為他不懂得「欲捭之貴周，即欲闔之貴密」的道理。事實上，古往今來的勝者，不僅要有開創大局的雄偉氣魄，也要有處理細節的縝密心思。膽大與心細二者缺一不可，這是每一個真正成就大事業者的必備素質。在實力超群時高調宣揚，在不如他人時低調做事，一高一低，運用自如，懂得這一道理的人才能擁有輝煌的未來，

創造精彩的人生。

【閱讀延伸】

提到中國古代歷史上善於布局、精於用兵之人，就不能不提諸葛亮。其實，諸葛亮不僅善於謀劃，他還是一個善於抓住敵人弱點，進而拉攏人心的高手。「七擒孟獲」的故事正體現了他的這一特質。

劉備去世後，諸葛亮授命輔佐後主劉禪，主政蜀國。這時，南方的一些小部落便想趁蜀國國喪之時挑起事端，以撈得一些利益。以孟獲為首的一個部落首先向蜀國發了難。

當時諸葛亮正在籌劃著北伐，得知孟獲的動向後，為了避免後患，諸葛亮決定先下手為強。他認為對付孟獲要採取攻心為上的策略，使其徹底臣服，以解除北伐之後患。

諸葛亮知道孟獲在當地頗有聲望，很受百姓愛戴，於是就向全軍下達了「活捉孟獲」的命令。他命令王平等人分三路夾擊孟獲大軍，很快生擒孟獲。孟獲當時心想，這下自己玩完了，性命不保了，然而讓他沒想到的是，諸葛亮不但沒殺他，還親手為他鬆綁，然後帶著他去軍營裡參觀。

孟獲也不是泛泛之輩，他趁機記下了蜀軍的陣式布置，然後對諸葛亮說：「之前我不知道你軍的虛實，現在我知道了，也沒什麼了不起的，如果再給我一次機會，我一定能打敗你。」諸葛亮哈哈一笑，就放孟獲回去再戰。

孟獲回去後，加緊備戰，準備偷襲蜀軍。可是等他到來時，又一次被活捉了。諸葛亮知道他還是不服，就又放了他，給他機會再戰。就這樣，諸葛亮一連活捉了孟獲七次，可孟獲每次都以失誤為藉口，拒不認輸。當他第七次被活捉時，他以為這次諸葛亮肯定不會放過自己了，結果他再次被放了。這下孟獲感動了，一把鼻涕一把眼淚地說：「丞相對我七擒七縱，真的做到了仁至義盡，我徹底服了，以後再也不會跟你做對了。」孟獲不但保證不再有反心，而且還出面說服其他蠢蠢欲動的部落放棄反抗。那些部落首領都很佩服孟獲，有他做說客，也都同意了。就這樣，蜀國南中地區又安定太平了。

　　後來，諸葛亮開始率軍北伐，他離開的時候，在南中地區沒有設置一兵一卒、一官一府，把一切事務都交給南中當地的人處理。有人擔心會出亂子，便勸說諸葛亮：「如今我們剛剛平定了南中地區，按理說應該安插一些朝廷官員去治理，你怎麼讓他們自己管理呢？如果有一天他們翅膀硬了，肯定會再起反叛之心的。」

　　諸葛亮聽了，絲毫沒在意，說：「無須擔心，這裡遠離中原，生活條件很差，如今糧食短缺，又剛經歷了大戰，我如果在這裡留下兵馬，他們如何生活啊？再說了，留守官吏容易與當地民眾發生衝突，現在讓他們自己管理自己，漢人和少數民族互不干涉，這不是兩全齊美的事情嗎？」

　　南中地區不再動盪不安，擾亂後方，諸葛亮沒了後顧之憂，也就可以專心謀劃北伐之事了。

　　由這個故事可以看出，諸葛亮實在是一個深諳「闔而取之，闔而

去之」之策的人物，他不僅膽大，而且心細，「七擒七縱」成功地拉攏了以孟獲為首的南中部落首領，為自己解除了北伐的後顧之憂，為蜀國贏得了安定的局面。

變動陰陽，四時開閉

捭闔者，天地之道。捭闔者，以變動陰陽，四時開閉，以化①萬物。縱橫反出，反覆反忤（wǔ）②，必由此矣。

【註釋】

①化：化育。②縱橫反出，反覆反忤：均為陰陽的具體表現。反：同「返」。忤：相背。

【譯文】

所謂捭闔，就是天地陰陽之道。捭闔可以使陰陽發生變化，陰陽變化可以產生四季，而四季的更替使萬物化育產生。縱和橫，返和出，反和覆，反與忤，都是陰陽之道的具體表現，都是由捭闔產生的。

【智慧全解】

鬼谷子所說的「變動陰陽，四時開閉」的道理，說白了就是我們常說的「識時務者為俊傑」。時務就是變化的時機。遇事不通，被迫改變，你就晚了一步；預料在前，主動求變才能取得成功！無論做人還是做事，都要懂得變通，如果只知因循守舊，鑽進死胡同出不來，肯定會一敗塗地。

中國人歷來對「變」的智慧理解深刻，做事情通常會有很多備選

方案，這種方案行不通，就用另一種；這條路走不通，就選擇另一條。所以在外國人眼中，中國人大多聰明、善變。

善變，並不是什麼缺點，因為世間萬物都是變化著的，原來的辦法行不通，就得改變，這就是識時務，知四時，從而變動陰陽，以化萬物。正如鬼谷子所說「縱橫反出，反覆反忤。」這就是變的智慧，只有不斷嘗試，充分運用捭闔之道，從多個角度去考察事物，選擇最恰當最好的辦法，才能將事情做好。

「變動陰陽，四時開閉」的道理不僅適用於個人，告誡個人要善於變化，要通時務；還適用於國家，一個國家也要為了全局的需要，改革內部機制，調整對外政策。無論是國家、企業，還是個人，如果不懂得順應時務而改變，就一定會在競爭中被淘汰。

大家都知道，在這個不斷變化的世界裡，沒有什麼永恆不變的事物，任何事情都是處於變化之中的，有時事情的發展會出乎我們的意料，思想僵化、行為保守，顯然無法應對眼前的形勢，所以我們必須培養變通意識，養成靈活應變的習慣。當原定計劃收效不大、遇到阻力時，這時就不要一味地苦幹蠻幹，而是必須停下來反省一下，想一想是不是有些錯誤的步驟，然後做出修正，直到圓滿實現。

另外，「識時務」是一種變革思想，是處理事情時的權變與變通，變化是為了解決自己的問題，達到自己的目的，並非一般人理解的投降主義，對此我們要分辨清楚！

總之，無論是作為個人，還是組織，如果不識時務，不懂得變通，肯定就運用不好捭闔之道。只有堅持原則，堅守理想，然後靈活

處事，才能立足社會，取得成功。

【閱讀延伸】

　　我國著名軍事家孫武出生於齊國的貴族家庭，優越的生活條件為他提供了好的學習環境，孫武自小就喜歡閱讀古代軍事典籍，再加上當時戰亂頻仍，兼併激烈，這樣的環境使孫武見慣了戰爭，同時培養了他的軍事才能。

　　當時齊國內部極為不穩，孫武覺得自己沒有用武之地，很想遠走他鄉去施展自己的才能。他見南方的吳國國勢強盛，呈現出一副新興的氣象，於是便長途跋涉，投到了新興的強吳之下，開始了他的軍事生涯。

　　孫武在吳國結識了從楚國投奔而來的伍子胥，二人十分投緣，很快成為密友。

　　西元前五一五年，吳王闔閭即位，任用了一批賢臣，三年後，闔閭見吳國國內穩定，倉廩充足，軍隊精悍，便產生了向西進兵征伐楚國的念頭。這時，伍子胥便把孫武舉薦給了吳王。

　　孫武把自己剛完成的兵法獻給了吳王。吳王閱讀後，對孫武說：「我逐篇拜讀了你的兵法，實在是耳目一新，受益匪淺。但不知實行起來怎麼樣，先生是否演練一下？」孫武回答說：「可以。」吳王便把自己的宮女召集起來，讓孫武演練。孫武把宮女分成左右兩隊，指定吳王最寵愛的兩位美姬為隊長，讓她們帶領宮女進行操練，同時指派自己的駕車人和陪乘擔任軍吏，負責執行軍法。

安排就緒後，孫武站在指揮台上，認真地宣讀操練要領，然後擊鼓發令。儘管孫武三令五申，宮女們只是覺得好玩，根本不聽號令，隊伍裡不時傳來嬉笑聲。孫武便召來軍吏，根據軍法，要斬兩位隊長。

這一下，吳王捨不得了，馬上派人傳命：「寡人已經知道了將軍的能力，沒有這兩個美人的陪伴，寡人會吃不好睡不香的。請將軍赦免她們吧！」可孫武絲毫不給面子，說：「臣受命為將，將在軍中，君命有所不受。」孫武執意砍了兩位隊長的頭，重新任命了兩位隊長，繼續操練。當孫武再次擊鼓下令時，誰也不敢造次了，全都認真起來，前後左右，進退回放，跪爬滾起，全都一板一眼，陣形十分齊整。

孫武請吳王檢閱，吳王因為失去了愛姬，心中不爽，就沒去，孫武對吳王說：「令行禁止，賞罰分明，這是兵家的常法，是為將治軍的通則。對士卒一定要威嚴，這樣士兵才會聽從命令，打仗才能克敵制勝。」孫武的這番話終於使吳王消了氣，孫武就被拜為將軍。

在孫武的嚴格訓練下，吳國軍隊的軍事素質有了明顯提高。後來，孫武指揮吳軍攻克了楚的屬國鍾吾國、舒國。這樣的勝利沖昏了吳王的頭腦，他想一舉攻下楚國國都郢。孫武認為這樣做很不恰當，便對吳王說：「楚軍很強大，舒國和鍾吾國根本無法與之相提並論。我們已經攻克了這兩個小國，士兵們已經很疲憊了，軍資跟不上，不如暫時收兵，讓軍隊休整一下，再等良機。」吳王聽從了孫武的勸告，班師回朝了。

為了徹底滅掉楚國，孫武和伍子胥經過一番商議，制訂了一條妙計，組成三支勁旅，輪番襲擾楚國。當吳國第一支部隊襲擊楚國邊境時，楚國見來勢不小，就全力以赴，派兵迎擊。等到楚兵出動，吳軍就撤了回去。而當楚軍返回後，吳國的第二支部隊又出動攻楚，如此輪番襲擊，把楚軍搞得頭昏腦漲，疲於奔命。由於連年應付吳軍，楚國的人力物力都耗費不少，國內出現虧空，屬國接二連三地叛離，而吳國在輪番進攻中搶掠到了不少物資，在與楚國的對峙中完全占據了上風。

之後，楚國攻伐蔡國，而蔡國當時已經歸附了吳國，於是吳國便以此為藉口討伐楚國。孫武指揮訓練有素的三萬精兵，直奔蔡國與楚國的交界。楚軍見吳軍來勢凶猛，趕緊放棄對蔡國的圍攻，調集主力抗擊吳軍。然而令他們沒想到的是，孫武卻突然改變了進軍路線，改水路為陸路，直插楚國縱深。

吳軍一向善於水戰，而孫武卻棄長取短，這讓伍子胥非常納悶，於是便問孫武為何這樣做。孫武回答說：「用兵作戰，一貴神速，二貴出其不意，以便打它個措手不及。逆水行舟，速度遲緩，楚軍必定乘機加強防備，那樣的話我軍就很難破敵了。」

就這樣，孫武在三萬精兵中選擇了強壯機敏的三五〇〇人作為先鋒，身穿堅甲，手持利刃，連連大敗楚軍。西元前五〇六年，吳軍攻入楚國國都郢。孫武以三萬精兵擊敗了楚軍的二十萬大軍，開創了中國歷史上以少勝多的光輝戰例。孫武的勝利正是很好地運用捭闔之術，順應事態發展，靈活變通的結果。

關之捭闔，制以出入

　　捭闔者，道之大化，說之變也。必豫①審其變化，吉凶大命系焉。口者，心之門戶也；心者，神之主也。志意、喜欲、思慮、智謀，此皆由門戶出入②。故關之捭闔，制之以出入。捭之者，開也，言也，陽也；闔之者，閉也，默也，陰也。

【註釋】

　　①豫：同「預」，事先有所準備。②出入：這裡是指表現、表述。

【譯文】

　　捭闔之術是陰陽之道的無窮變化，是遊說之應變的關鍵所在。遊說之前，一定要對各種變化有所準備，吉凶死亡的關鍵全在於捭闔之術。口是表達內心思想的門戶，心是人的精神世界的主宰。心所產生的志向與意願、喜好與欲求、思念和焦慮、智慧和謀略等，都是由口這個門戶表述出來的。所以，應該用捭闔之術來把守自己的口，控制言語的出入。所謂捭就是開，就是開口說話，就是陽；所謂闔就是閉，就是沉默不語，就是陰。

【智慧全解】

　　古代先賢一向提倡「慎言」，意思就是，說話之前要對後果多加考慮，千萬不可信口開河，不知深淺，沒有輕重。鬼谷子也不例外，

他也認為，一個人在說話前，應該三緘其口。事實的確如此，有的時候哪怕是多說一句話，或者在不恰當的時候說了不該說的話，都會給自己帶來麻煩，甚至會讓自己付出慘重的代價。

老話說得好，「東西可以亂吃，話卻不可以亂說。」說話的時候一定要看好時機與場合，針對不同的對象，要說不同的話，這才是聰明人的做法。所以做事之前，我們要先管好自己的嘴巴，即鬼谷子所說的「關之捭闔，制之出入」，這樣才能不讓自己陷入麻煩之中。

那麼，怎樣才能管好自己的口呢？

第一，無論什麼場合，面對什麼人，我們一定要對自己的言辭慎之又慎，精心組織，想好之後再開口。生活中有不少人說話太急，竹筒倒豆子般一股腦兒往外吐，說完之後，才發現自己根本沒說到點子上。還有一些人說話不看對象，該說的不該說的全都朝著一個人說了，事後後悔不已，可是悔之晚矣。

第二，說話一定要客觀，不能杜撰，不能瞎編亂造，不能使用貶低或蔑視的言辭，多用「我們」來拉近彼此的距離和關係。說話恰當，可以為自己增加盟友，而說話不當，只會給自己創造敵人。

第三，說話的時候還要注意語氣，無論遇到什麼事情，都要控制好自己的情緒，不可大呼小叫。冷靜是一個人最基本的涵養，憤怒則只會表現自己內心的怯懦。另外，說話時，語氣中不可帶有譏諷之味，也不要使用卑微口吻，不可當著別人的面隨意開另一個人的玩笑。

生活中，為人處世，一定要講究說話之道，當你開口傷害一個人的時候，其實你也傷害到了自己。所以，要想在人際交往中遊刃有餘，如魚得水，必須學會運用捭闔之術，管好自己的嘴，該說的說，不該說的一定要三緘其口。

【閱讀延伸】

據傳，古時候有一個皇帝，他認為自己國家生產的所有東西都是全天下最好的，尤其是繩子，結實堅固，任何國家都比不了。有一年，一個做繩子生意的商人來到這個國家，大肆宣揚自己賣的繩子才是最好的，其他的繩子都不結實。他四處散播這樣的言論，鼓吹自己的繩子，而貶低其他的繩子，為自己謀取利益。此商人的言辭極大地傷害了該國國民的自豪感，激起了民眾的愛國熱情。很快，他的言論便傳到了皇帝的耳中。

皇帝聽後不禁大怒，立刻派人將這個商人抓了起來，並判處他絞刑。

到了行刑那一天，皇帝讓人用繩子捆綁著那個商人將他押到了絞刑架旁。誰都怕死啊，商人也不例外，於是他左搖右晃，上踢下蹬，不停地掙扎。在他的不斷掙扎下，用於絞刑的繩子竟然被他弄斷了，商人一下子被摔到了地上。

在古人看來，如果行刑時遭遇這樣的情況，就是上天在保佑犯人，說明此人不該死，犯人將得到赦免。當監斬官飛快地把此情況報告給皇帝時，皇帝也無話可說了，雖然很恨這個商人，但也不敢違背上天的旨意，只得下令將他釋放。商人意識到自己將會得到赦免時，

不禁得意起來，忘形之下管不住自己的嘴了，竟然向圍觀的人群大聲叫道：「你們看到了吧，你們國家的繩子根本不行，差勁極了，連個人都吊不死！你們連一根小小的繩子都製造不了，還能製造出什麼好東西來呢？」

這話在這個場合說出，不是太傷人了嗎？於是監斬官又快馬加鞭地匯報給了皇帝。皇帝一聽，頓時火冒三丈，馬上收回了赦免之令，命人將商人重新捆上，這次著著實實地捆了個結實，裡三層外三層，任憑商人如何掙扎，也沒有掙斷的可能了。商人又被推上了絞刑台，然後就一命嗚呼了。

這個商人在冒犯了皇帝遭到意外赦免後，本應該見好就收，緊閉上嘴巴，保命為上。可是，他似乎根本沒意識到這一點，反而不知深淺地繼續攻擊這個國家的繩子，抓住皇帝的痛處不撒手，皇帝哪裡還會放過他呢？這就是管不住嘴巴的下場。

陰陽其和，終始其義

陰陽其和，終始其義。[1]故言長生、安樂、富貴、尊榮、顯名、愛好、財利、得意、喜欲，為「陽」，曰始。故言死亡、憂患、貧賤、苦辱、棄損、亡利、失意、有害、刑戮、誅罰，為「陰」，曰終[2]。諸言法陽之類者，皆曰始，言善[3]以始其事；諸言法陰之類者，皆曰終，言惡[4]以終其謀。

【註釋】

①陰陽其和，終始其義：事情從開始到結束，都以捭闔行之。和，調和。②終：窮。③善：此指善言。善言為陽。④惡：此指惡言。惡言為陰。

【譯文】

陰陽相互調和，從開始到終結，都要符合捭闔之理。所以，我們把長生、安樂、富貴、尊榮、顯名、愛好、財利、得意、喜欲等歸為陽類事物，稱作「始」；把死亡、憂患、貧賤、苦辱、棄損、亡利、失意、有害、刑戮、誅罰等歸為陰類事物，稱作「終」。凡是在言談時採用「陽」一類的事情來立說的，我們都可以稱之為「始」，因為他們從事情好的方面來進行遊說，勸誘對方開始行動，以促成遊說獲得成功；凡是在言談的時候採用「陰」一類的事情來立說的，我們都稱之為「終」，因為他們從事情壞的方面來進行遊說，阻止對方實施謀劃，試圖終止行動。

【智慧全解】

鬼谷子認為，說話不僅要分清對象，還要根據對象選擇合適的話題，根據話題的性質，選擇正確的語言，根據對象的性格、需求，來精心設計表達自己的觀點。說白了，就是根據對方的喜好，包裝自己的語言，別人喜歡聽什麼，我們就說什麼，然後根據事態的發展變化來引導談話的走向，使之朝著有利於己方的方向發展。

現實生活中，很多人信奉「對事不對人」，意思是他的立場只是針對問題與事情，絕對沒有針對對方的意思。然而，事情是人做出來的，你在批評事情的同時，也等於批評了做事的人，你感覺自己沒有針對他，他卻不一定這樣認為。事情的結果往往是事情沒有解決，你卻與對方結了仇。所以，鬼谷子提倡，「陰陽其和，終始其義」，直話要拐個彎兒去說，拐個彎，換個說話方式，給話語穿上漂亮的外衣，對方就容易接受。言善為陽，言惡為陰，陰陽操縱，就可說人於無形。不過，不論陰陽，都要緊扣我們的目的，陰陽操縱之術只是手段，直話彎話也只是我們說服別人的工具。只要能達到我們的目的，又何必在意用什麼方式說出來呢？

曾聽一位公司管理者說，在管理中糾正下屬太難了，下屬有了缺陷，稍微提醒一下，對方壓根不會在意，有時還會越變越壞，變本加厲地與自己作對。這令他頭疼不已。糾正下屬的錯誤，是管理者常做的事情，這位管理者遇到的麻煩不僅來自於那些下屬，他自己也存在著問題。如果他能換一種方式，在指出對方缺點的時候，先肯定一下對方的優點，然後再委婉地提醒對方，如果把某些不足糾正過來會更好，結果會怎樣呢？或者他索性說得更隱晦一些，將批評蘊含在另一

種意圖之中，用對方能夠領會的方式傳達出去，這樣勸說，對方是不是更容易接受呢？

人們在聽人講話時，總是對最後的結論印象深刻，當你進行批評時，附加上讚美之辭，對方便認為你是在讚美自己，就算其中有一些令人不愉快的話，也就不那麼計較了。反之，他可能覺得你在針對他，有意跟他作對，那後果就嚴重了，你的好意很可能給你結下一個仇人。

說話就是要講究技巧，正如鬼谷子所說：「言善以始其事，言惡以終其謀。」意思是，當你需要說服別人做某件事時，就從「陽」的方面去勸說，讓他看到好處，以及他可能得到的回報；當你想阻止某件事的發生時，就要從「陰」的方面去阻止，將這件事的後果放大並用合理的方式傳遞給他，讓他知道做這件事的壞處，以及帶來的巨大損失。如此以利去說服他人，以害去制止他人，就沒有辦不成的事情。

總之，我們在說話的時候，只要很好地運用鬼谷子的這些智慧，正話反說，硬話軟說，好話先說，壞話後說，給自己的言辭穿上美麗的外衣，讓自己的舌頭打個彎再張嘴，就能在與人交往中遊刃有餘，得到自己想要的，去除自己所厭惡的。

【閱讀延伸】

春秋時期有個能人名叫燭之武，此人深諳「陰陽其和，終始其義」之道。僖公三十年（西元前630年）九月，晉文公和秦穆公想聯合起來攻打鄭國，因為鄭國曾對晉文公無禮，而且還偷偷地與楚國結

盟。很快，晉軍便在函陵駐紮下來，而秦軍則駐紮在了氾水的南面。

鄭文公得知消息後，焦急萬分，這時一個大臣上諫道：「我們的國家正處於危險之中，如果您派燭之武出使秦國的話，他一定能說服秦穆公撤回軍隊。」鄭文公聽了，心中大喜，馬上採納了此人的建議。

燭之武很快被召進大殿，可是當他聽了鄭文公的提議後，卻百般推辭，燭之武說：「我年輕的時候，尚且不如別人，現在我都老了，更加沒什麼用了。」鄭文公一聽，馬上明白了燭之武的意思，知道他在為一直不受重用而抱怨，於是說：「我之前沒有重用您，現在國家處於如此危急的情況下才來求您，這是我的過錯。然而，現在鄭國已經危在旦夕了，如果鄭國滅亡了，您也會受到牽連啊。」於是，燭之武就答應了。

到了夜裡，鄭文公命人用繩子捆著燭之武，將其從城牆上放下出城去見秦穆公。

燭之武見到秦穆公說：「現如今秦晉兩國圍攻鄭國，鄭國知道自己將要滅亡了。如果這樣對秦國有好處，那我也不會來這裡拜見您了。您想啊，秦國如果越過一個國家而把遙遠的鄭國作為邊邑，這該是多麼困難的事情啊！您滅掉鄭國不是給鄰國增加土地嗎？您為什麼要這樣做呢？鄰國的國力雄厚了，就意味著秦國的實力被減弱了。如果您放棄攻打鄭國，而把它作為往東道路上接待客人的主人，秦國使臣來來往往，鄭國就可以隨時為其提供所需的物資，這對您也沒有什麼壞處吧！而且我還聽說，您曾經給過晉惠公恩惠，晉惠公也曾答應

過把焦邑和瑕邑兩座城池送給您。可是他一回到晉國，就開始修築防禦工事，這事兒您是知道的。晉國什麼時候滿足過？現在，晉國已經在東邊把鄭國變成它的邊境了，又想往西擴大疆土。如果不攻打秦國，它的疆土該從何擴充？削弱秦國對晉國十分有利，還請您好好考慮這件事！」

聽了燭之武的這番話，秦穆公覺得非常在理，便答應與鄭國簽訂盟約，而且還專門派人守衛鄭國，而他則率領大軍回國了。

這件事很快傳到了晉文公的耳中，一個大臣要求率兵攻秦，晉文公則說：「不可！如果沒有那個人的力量，我是不會到這個地步的。用別人的力量去損害別人，這是不仁義的；失去自己的同盟國，這是不明智的；用分裂來代替聯合一致，這是不勇武的。我們還是打道回府吧！」於是，晉文公也率領大軍離開了鄭國。

燭之武為什麼能勸退秦軍呢？原因就在於他很懂得說話的技巧，知道「言惡以終其謀」，用攻打鄭國對秦國產生的壞處來阻止秦穆公，「言善以始其事」，用留下鄭國對秦國產生的好處來促使秦國與鄭國結盟。世上沒有誰會願意丟下好處而遭到失敗或禍害，所以當秦穆公明白所做之事對自己不利時，必然會放棄自己的主張。

捭闔之道，陰陽試之

捭闔之道，以陰陽試之。故與陽言者，依崇高；與陰言者，依卑小。以下求小，以高求大。①由此言之，無所不出，無所不入，無所不可。②可以說人，可以說家，可以說國，可以說天下。為小無內，為大無外。

【註釋】

①下：卑下的陰言。小：此指小人。高：崇高的陽言。大：此指君子。②出：這裡指被策士、說客們啟發。入：這裡指聽從遊說策士的話。

【譯文】

捭闔之術，就是反覆運用陰陽之言辭去試探對方。所以，和品行高尚的人談論時，要說「陽」類的事；與品行卑劣的人談論時，要說「陰」類的事。下與小都為陰，所以可以用卑下的言辭去遊說志向渺小的人；高與大都屬陽，所以可以用高尚的言辭去遊說志趣高遠的人。照此而論，用捭闔之術去遊說，可出可入，就沒有什麼人不可以去遊說的。用捭闔之術去遊說，可以遊說他人，可以遊說每個有封地的大夫，可以說遊說每個諸侯國的國王，甚至可以遊說天下的君主。從小的方面著眼，可以小得不能再小；從大的方面入手，可以大得不能再大。

【智慧全解】

其實，鬼谷子的遊說之道很簡單，用兩個字就可以概括，那就是「陰」「陽」。仔細觀察，大家會發現，談判或是說服不能只靠口才流利、能言善辯，還要學會揣摩對方的志向所在，知道對方的品性與性格，然後決定採取陰謀還是陽謀。

如果不了解對方的心意所在，不了解對方是崇高還是卑下，就貿然做出不符合對方實情的決策，那麼說出的話對方一定聽不下去，有誰會願意聆聽與自己心意不符的言論呢？這樣一來，不管對方是否提出反對意見，你的說服一定不會成功，其結果招致非議不說，還會暴露自己的真實意圖，這豈不是得不償失嗎？

所以，我們在與人謀事或是談話之前，一定要先給對方歸一下類，看看對方屬陰屬陽，然後再決定採用什麼樣的謀略去對待他。有些人看不上陰謀，認為陰謀就是在背後搞小動作，根本登不了大雅之堂，應該人人誅之恨之。是的，陰謀的確存在著很大的弊端，這個時候我們就要採用陽謀。陽謀是光明正大、順應趨勢的謀略，有時候明明知道是個硬骨頭和圈套，有人照樣會往裡鑽，就像一塊石頭從山頂上滾下來，誰能控制得了它呢？這就是陽謀。

說白了，在謀事或說服中採取什麼樣的謀略，一定要先認清對方是陰是陽，然後決定採用陰謀還是陽謀，這就是鬼谷子所說的「捭闔之道，陰陽試之」。

說服他人要講究技巧，任何人都不願意聽到與自己意願相反的話，這是人的本性。如果你去勸說自己的領導，就要陰陽結合，既給

對方留足面子，又要以理服人，這便是捭闔之道。

不懂「陰陽試之，捭闔之道」的人，往往不會落得好下場。歷史上最典型的就是楊修、禰衡這種人了。這些人在與主君打交道時，絲毫沒有顧忌，只管盡情地揮灑自己的個性，出言不遜，一逞口舌之快，結果觸怒了主君，斷送了自己的性命。作為現代社會的人，說話狂放大多不會招致殺身之禍，但也會給自己帶來損害。說話不講方式，不注意場合，就會處處碰壁，失落至極。與人交往，從來不是一件容易的事，只有陰陽結合，才能做到滴水不漏。

【閱讀延伸】

春秋時期，齊國在齊宣王執政時十分強大，齊宣王一心想稱霸四方，於是便找機會把孟子召至跟前，問：「先生，您看像我這樣的人能否一統天下呢？」

孟子是不讚同齊宣王的想法的，在他看來，齊宣王當下最應該關心百姓的疾苦，讓齊國民眾都過上富足的日子。不過，孟子可是個人精，他知道齊宣王最愛聽奉承之語，如果直接說出自己的想法，一定會惹怒齊宣王，自己一定會遭到驅逐。於是，孟子決定採用一點技巧。他先是不動聲色地說：「在我回答大王這個問題之前，我是否可以先問大王一件事呢？」

齊宣王不解地問：「先生要問什麼事？」

孟子說：「我聽說，曾有人鑄成一座鐘後，想殺掉一頭牛來祭鐘，大王您覺得這牛沒有犯什麼罪，就要被殺掉，非常可憐，於是就

沒殺它。有這種事嗎？」

齊宣王一聽，沒想到孟子竟然還記著自己的這件善事，心裡非常高興，便立刻回答說：「是的，是有這麼一回事。」

孟子說：「大王，您真是一位富有同情心的君王啊！您心地善良，一定可以一統天下，讓天下歸順的。」孟子的這一番話說得齊宣王心花怒放，頻頻點頭，他示意孟子繼續往下說。孟子接著說道：「問題就在於您願不願意做了。有人曾這樣說過，『我力能舉起千斤東西，卻舉不起一根羽毛；我眼睛能看得清毫毛，卻看不見滿車的柴火。』大王，你相信這句話嗎？」

齊宣王正高興，便哈哈大笑起來，說：「我怎麼可能會相信這種話呢？」

孟子也笑了，說：「這就對了。如果有人說您能善待一頭牛，卻不善待百姓，誰會相信呢？這不是跟不能舉一根羽毛和看不見一車柴火是同樣的道理嗎？現在我國百姓流離失所，生活得很是困苦，這都是因您不關心他們造成的，跟您有沒有才能沒有關係。所以我說，您能行王道，能統一天下，關鍵是您不幹，而不是不能啊！」

聽了孟子的這一席話，齊宣王恍然大悟。

孟子深諳「捭闔之道，陰陽試之」的道理，他想勸齊王放棄稱霸的念頭，可是又擔心自己的話會惹怒齊宣王，於是便以稱讚作為批評的陪襯，向齊宣王講道理，結果，他不但說服了齊宣王，還保全了自己。

陰陽之道，萬事之先

　　益損、去就、倍反，皆以陰陽御其事。①陽動而行，陰止而藏，陽動而出，陰隱而入。陽還終陰，陰極反陽。以陽動者，德相生也；以陰靜者，形相成也。②以陽求陰，苞以德也；以陰結陽，施以力也。③陰陽相求，由捭闔也。此天地陰陽之道，而說人之法也，為萬事之先，是謂圓方之門戶。④

【註釋】

　　①倍：通「背」，背棄。御：駕馭。②德：內在本質，自身規律。形：外在形態。③苞：通「包」，包容，規範。結：連接，引申為輔助。施以力：施以外力，由外影響內。④先：先導，這裡指既定法則。圓方：指天地。

【譯文】

　　所有的裨益或損害、離去與接近、背叛和復歸，都是陰陽之道的行為表現，可用陰陽之道加以掌控和駕馭。陽就是動，表現為進取；陰就是靜，表現為閉藏。陽動必然顯現，陰止必然潛藏。陽發展到極致就成為陰，陰發展到極限就變為陽。陽動，道德就生成了；陰靜，形體就產生了。以陽求陰，主要用道德包容對方；以陰結陽，就要走出暗處施以實際行動。陰陽相輔相成，相互依賴，這是由捭闔之術決定的。這就是世間萬物陰陽變化的基本規律，也是遊說他人的根本原則。捭闔是處理萬事萬物的根本，是天地運行的關鍵。

【智慧全解】

鬼谷子說：「以陽動者，德相生也；以陰靜者，形相成也。以陽求陰，苞以德也；以陰結陽，施以力也。」旨在告訴我們，形勢千變萬化，要想做到積極應變，除了要順應時代潮流之外，還要根據對方情況的變化而變化，制訂出相應的計劃。

市場經濟時代，市場變化多端，企業競爭激烈，職場人才輩出，要想在這個社會中立足，不被淘汰，就要掌握競爭優勢，增加自身價值。要想在社會中占據有利位置，戰勝對手，必須時刻關注對手的情況變化，靈活地制訂出應對措施。無論是組織、企業還是個人，能不能順應這種變化而動，是能否生存、發展的關鍵。

很多時候，就算對方沒有什麼變化，我們也要不停地調整自己的思路，以及行為的基本策略，因為整個社會是在不斷發展變化著的，不變就要落後，落後就會挨打。只有做到敵變我變，敵不變我依然在變，才能打敗對方，最終立於不敗之地。

變化是這個世界的永恆存在，任何人所走的路都不可能是筆直、順暢的。不管你是畏懼還是擔憂，無論你是承認還是拒絕，每個人無時無刻不在發生著變化。沒有變化就意味著停滯不前，意味著倒退，意味著被淘汰。為了生存，為了發展，為了成功，為了不被別人牽著鼻子走，每個人都在變化中尋求新的謀略、新的招數。正所謂「時移則勢易，勢易則情變，情變則法不同」，這是處理萬事萬物的根本，是天地陰陽之道。鬼谷子陰陽變動的思想精髓正在於此。

【閱讀延伸】

曹操挾天子以令諸侯，有一年，他假借天子之命，舉兵討伐南陽張繡。而南陽城易守難攻，曹操久攻不下，為此內心焦躁萬分，苦思不得其解。

為了尋找出其不意、攻其不備的進攻辦法，曹操親自騎馬圍著南陽城巡視，可是張繡卻防守嚴密，根本找不到可乘之機。

曹操一連巡視了三天，終於功夫不負有心人，他驚喜地發現張繡守城的一個破綻：東南角城牆的磚石，新舊不一，而且牆角多遭毀壞。

曹操足智多謀，看到這個情況，不由自主地就想到了韓信的「明修棧道，暗度陳倉」之策，他立刻傳令在城西北堆積柴火，召集諸將，擺出了集中攻擊西北方向的架式。實際上，他卻祕密命令軍隊準備攻城器具，從東南角突襲入城。

張繡也一直在關注著曹操的動向，知道曹操騎著馬圍城巡視了三天，現在又見曹軍在西北角堆積了那麼多的柴火，心中一陣竊喜，準備下令軍士們嚴守西北角。

這時謀士賈詡勸道：「假如我們在西北角防守，南陽城必定失守。」

張繡驚詫，急問：「你這話是什麼意思？」

賈詡說：「曹操繞城看了三天，我也在城牆上觀察了他三天。我

看到他在觀察到東南城角磚石多有毀壞的時候，面露喜色，我猜測，他肯定打算從那個薄弱環節進攻。如今他卻在城西北堆積柴火，意在矇騙我們，讓我們把主力放在西北方向守衛，而他好趁黑夜從東南角突襲進城。」

張繡聞言，大吃一驚，問：「那我們該如何應對呢？」

賈詡沉思良久，說：「這個好辦，我們不妨將計就計，可以讓精銳士兵飽食輕裝，埋伏在城東南房屋內，而讓百姓們假扮成士兵，做出全力防守西北的樣子。等到了晚上，曹軍在東南角突襲的時候，伏兵突然出現，打他們一個措手不及，他們肯定會落荒而逃。」

張繡於是採用了賈詡的計策。

曹操得知張繡把兵力全集中到西北角，而城東南防衛空虛的時候，不禁大笑道：「哈哈，張繡中計了。」於是命令部分軍士佯裝進攻西北角，而把精銳主力祕密派往東南角，做好爬牆入城的準備。

到了晚上二更時分，曹操親自率領精銳主力，悄悄地爬上了城牆，只見城中一片寂靜，他們以為得計，便一擁而入。這時，張繡的伏兵突然從四面衝殺出來。曹軍突遭意外，頓時手忙腳亂，又經不住對方精兵的勇猛拚殺，慌亂之際只得敗退出城，潰逃數十里，損兵折將五萬餘人。

賈詡正是運用了鬼谷子「以陽動者，德相生也；以陰靜者，形相成也。以陽求陰，苞以德也；以陰結陽，施以力也」的理論，根據曹操的攻城計劃，及時調整守城策略，從而大敗曹軍。敵變，我變；敵

不變，我仍在變，神出鬼沒，神祕莫測，真可謂是奇謀，把鬼谷子的
陰陽捭闔之道運用得出神入化了。

反應第二：
知己知彼，方圓有度

　　「反」，反覆；「應」，反應、應和。「反應」即通過正面或反面的反覆觀察、了解，準確掌握對方的反應，以掌握事物的真相。鬼谷子認為，要想了解對方實情，制訂出行之有效的應對之策，就要把自知與知人結合起來，反覆試探，仔細觀察對方的反應，綜合運用周密的計謀和應對的技巧。

反史知今，鑑人知我

　　古之大化者，乃與無形俱生。^①反以觀往，覆以驗來；^②反以知古，覆以知今；反以知彼，覆以知己。動靜虛實^③之理，不合於今，反古而求之。事有反而得覆者，聖人之意也，不可不察^④。

【註釋】

　　①大化：指天地萬物的生成、變化。無形：指天下大道，即自然界和人世社會陰陽變化的基本規律。②反：同「返」，返回，回顧。覆：回覆。③動靜：運動與靜止，這裡代指世間一切事件。虛實：代指世界上一切物質。④不可不察：必須看到由反得覆是由陰陽之道決定的。

【譯文】

　　從古到今，天地間萬事萬物的生成變化，都是與天下大道共同存在的。聖人都是從事物正反兩個方面來思考事情。返回去回溯歷史，再回首可查驗未來，既可以看到過去，也可以查明現在的情況；運用「返」可以了解對方，運用「覆」可以看清自己。世間的一切事件、一切物質假如與現在不符，就回溯到歷史的長河中去尋求答案。任何事情都可以運用「返」而得到「覆」，這是聖人教導我們的，任何人都不能不詳細地審查研究。

【智慧全解】

鬼谷子說：「反以觀往，覆以驗來；反以知古，覆以知今。」它與「以銅為鑑，可以正衣冠；以古為鑑，可以知興替；以人為鑑，可以明得失」所說的道理是一樣的，講的都是要從歷史反觀現在，以他人反觀自我。

人生在世不可能一路坦途，每個人多多少少都會遇到一些波折和坎坷。聰明人經過了波折、困境之後，會從中得到一些教訓、經驗，在以後的成長道路上就不會再犯同樣的錯誤，這就叫「吃一塹長一智」。生活中還有一些人，他們會從這些挫折中推出某種既定的規律，在以後的生活中做到未卜先知，提前預防，以避開波折，避開可能遭遇的傷害。這樣的人才是真正具有大智慧的人。

網絡上曾流傳過這樣一則寓言：說一隻獅子和一隻狐狸聯手去打獵，一下子捕到了很多獵物。獅子讓狐狸來分配這些獵物，狐狸便把獵物分成一大一小兩份，然後讓獅子來拿那份大的。獅子問狐狸為什麼要這樣來分配，狐狸回答說：「長期以來，狐狸和獅子一起打獵的情況有很多，凡是平均分配獵物的狐狸都沒有好下場，通常都會被獅子吃掉。」故事雖短，但寓意深刻，充分說明了「反以觀往，覆以驗來；反以知古，覆以知今」的道理。

借鑑過去的歷史事件，才能以更穩健的步子走過今天，邁向未來。利用歷史去勸說別人，才能讓對方肅然警醒，如醍醐灌頂，立即停止當前的錯誤行為。

古人說「觀今宜鑑古，無古不成今」。人類文化源遠流長，博大

精深，飽含先哲們的無窮智慧，是一筆豐富的遺產。如何使這一文化瑰寶為己所用，為己服務，應該是大智者追求的目標。

【閱讀延伸】

秦朝末年，朝廷昏瞶，社會動盪，農民起義四起，劉邦也率兵加入起義行列，很快領兵攻破武關，並長驅直入，一直打到藍田，一舉殲滅秦王朝的主要兵力。

秦王朝岌岌可危，秦王子嬰眼見敗局已定，無法挽回，就穿上喪服、脖子上繫著絲條，捧著傳國玉璽，打開城門，雙膝跪地，請求投降，把玉璽雙手獻給了劉邦。

得到江山固然高興，但是當時的江山已滿目瘡痍，破敗不堪。下面的戲讓平民出身的劉邦如何唱下去呢？經歷多年混戰的劉邦進入秦國國都咸陽後，乍一見秦王宮室的富麗堂皇，又看到其中珍寶無數，美女成群，心中頓生羨慕之意，他當然想留在宮中享受一番。當時的他似乎一點也沒意識到時局的緊張，可是有些大臣卻看到了，武將樊噲首先站出來勸說：「大王，此時山河破敗，江山還不穩固，我們可不能留在咸陽貪圖享樂啊！」

這話讓劉邦聽著實在不爽，劉邦頓時板起面孔說：「什麼？我貪圖享樂？這一仗打了這麼長時間，我們剛取得了勝利，我只是想好好犒賞一下全軍將士，你怎麼能這樣說呢？我認為自己做得沒什麼錯，你就不要再說了。」

一頓訓斥，把樊噲訓得滿面通紅，又氣又惱又無奈，只得搖頭離

開了。

當時的謀臣張良對眼前的局勢看得更清楚，且看看他是如何來勸說劉邦的吧！

只見張良走過來，向劉邦拜了拜，問：「恭賀大王今天取得了如此的勝利。不過，臣想問一下大王，當初我們為什麼要滅掉秦國呢？」

「當然是因為秦王殘暴無道，窮奢極欲，弄得民心渙散，民不聊生，我們是在替天行道啊！」劉邦哪裡會忘？想也沒想就回答出來了。

「對，秦國正因為奢侈淫逸才亡了國，我們既然為天下除去暴君，就應該改變這種風氣，以艱苦樸素來號召天下。」張良頓了頓，繼續說道，「如今大王您才占領了秦國，就想像秦王一樣享樂，豈不等於重蹈秦國的覆轍，因小失大嗎？」

劉邦聽了這番話，低頭不語了，張良見此，馬上接著往下說：「樊噲將軍的話雖然說得有一點偏激，但這也是為了您著想，現在正是寬恤百姓安定民心，讓咸陽百姓心悅誠服的好時機，所以還是希望您能接受他的建議。」

劉邦沉思片刻，下令封閉宮門，緊鎖府庫，撤出咸陽，把軍隊駐紮在灞上。隨後，劉邦當眾宣布廢除亡秦舊法，如誹謗官府夷族、偶語者棄市等，又規定殺人者死，傷人者、偷盜者抵罪等新法。

咸陽百姓一直處於暴秦統治之下，聽到這樣的消息，頓時歡聲笑

語，人人都希望劉邦留在咸陽，生怕他離開咸陽。這就為劉邦一統天下奠定了良好的群眾基礎和政治基礎。

樊噲和張良勸說的內容是一樣的，對象也是一樣的，可是樊噲的勸說卻得到了一頓訓斥，而張良卻收到了良好的效果，其原因就在於樊噲太直白，而張良沒有直接進行勸說，而是巧妙地點出了秦朝因奢侈淫逸由強變弱，最後導致滅亡的教訓，使劉邦從秦朝的歷史中預見到了自己的未來，進而認識並改正了自己的錯誤。

聽話聽聲，鑼鼓聽音

　　人言者，動也；己默者，靜也。因其言，聽其辭。①言有不合②者，反而求之，其應必出。

【註釋】

　　①因其言，聽其辭：根據對方的言辭來判斷其話語背後的實際情況和真實意圖。因，順、根據、依循。②言有不合：對方話語中透露的意思有與己方的想法不相符合的地方。

【譯文】

　　別人在侃侃而談，是動；自己沉默不語，是靜。可以根據別人的言論，來探聽其話語間所透露出來的真實想法。如果對方言辭透露出的意思與己方的想法不相符合，就運用「反」的辦法去求，對方的真情必然在應對中有所透露。

【智慧全解】

　　鬼谷子這段話的意思是在告訴我們，要認真聆聽別人說話，領會說話者的弦外之音和潛台詞，也就是我們常說的「聽話聽聲，鑼鼓聽音」，要善於聽出話外音。

　　人們總說：「最難猜的是人心。」是的，人類的心思是最為複雜、最為深沉的。有時候，人們會因為形勢所迫，場合所限，或者為

了顧及一些人或某個團體的立場和顏面而說一些言不由衷的話，或者為了更長遠更宏大的戰略而表達一些似是而非的意見。如果這個時候你簡單地從字面的意思去理解，或者認為對方偏離了主題，那你就大錯特錯了。此時，你就要結合具體環境、實際情況來分析對方的言辭，仔細揣摩對方隱藏在字面意思背後的真實想法，這樣就能很容易地體會出對方的真正意圖了。

日常生活中，我們一要善說，二要善聽。因為很多人說話總是「話中有話，話外有話」，有些人說話很含蓄，也有一些人礙於面子或懼於你的威信，不會簡單直白地告訴你真話，而是採用迂迴委婉的策略來暗示你，這個時候，我們要仔細聆聽，認真體悟，領悟到對方的「話外音」。這會讓別人覺得你很有「情商」，跟你溝通很容易，也願意和你溝通。

與此相反，假如你只聽對方的表面意思，而沒有領悟對方的「話外音」，聽不出話中的意思和背後的目的，就不能設定正確的說話策略，要麼誤會對方的意思，要麼是自己被譏諷了還不知道，就會給交際帶來麻煩，帶來不必要的損失。

那麼怎樣才能正確解讀對方真正的想法，聽懂對方的「話外音」呢？這就要求我們平時要多訓練自己的觀察力和解讀能力，要善於結合當時的環境、場合、時令來分析語言，仔細留神對方的神情，就不難聽懂對方的「話外音」了。

生活就是一場博弈，要想在這場博弈中取得優勢與勝利，就要做一個會聽話和會說話的人。只有這樣，才能獲得更多的機會，取得更

大的成就。語言是心靈的大門，一個人是智慧的還是愚蠢的，只要聽他的言語就可做出判斷。做語言的智者，你就可能成為人生的贏家。

【閱讀延伸】

春秋後期，齊國的君主齊景公是一個非常喜歡捕鳥的人，他經常將捕獲的鳥兒養起來賞玩，而且還專門指派了一個名叫燭雛的人主管捕鳥事宜。

有一天，齊景公又捕到了一隻非常好看的小鳥，把玩一會兒後便把小鳥交給了燭雛，走的時候還千叮嚀萬囑咐讓燭雛要好生看護那隻鳥。沒想到，齊景公沒走多久，燭雛一個不小心，小鳥飛走了。齊景公一怒之下揚言要殺掉燭雛。

為了一隻小鳥就要殺掉一個臣子，這實在有點說不過去，相國晏子覺得不可行，便上前對齊景公說：「燭雛把大王的愛鳥放走了，的確犯了罪，理應受罰。現在請讓我來列舉一下他的罪狀，然後大王按照他所犯的罪過來處死他吧！」

齊景公點頭應允。晏子用手指著燭雛，開始歷數他的罪狀：「大王派你專門看管鳥，你卻粗心大意讓鳥飛掉，這是第一條罪狀；你使大王因為鳥飛掉的緣故而殺人，讓大王背上好殺人的名聲，這是第二條罪狀；如果讓別的諸侯聽到這件事，認為我們的大王把鳥看得比人命還重，勢必會壞了大王的威望，這是第三條罪狀。」

晏子圍繞著鳥的事情一口氣列舉了燭雛的三大罪狀，然後轉過身對齊景公說：「大王，燭雛的罪狀已經說完了，您也聽清了，您就按

照他的這些罪處決他吧！」

其實，當晏子歷數燭雛的罪過時，齊景公已經聽出了晏子話裡的意思，腦子也清醒過來了，意識到了自己的錯誤，聽到晏子讓他處決燭雛，連忙擺手道：「算了，不要殺燭雛了，不要殺燭雛了，寡人盛怒之下差一點做了錯事，多虧愛卿指點。」

就這樣，在晏子的勸說下，齊景公不僅沒有殺燭雛，而且向燭雛表示了歉意，還向晏子表達了感謝之情。

晏子順著齊景公「燭雛有罪」的意思列舉了燭雛所犯的三大罪狀，從字面上看，他說的的確是燭雛之罪，而話裡的意思卻在旁敲側擊齊景公，殺燭雛會讓齊景公背上殺人的名聲，毀壞齊景公的威望。所幸齊景公並非糊塗之人，他聽出了晏子的「話外音」，避免了一場禍事，也讓齊景公避免了聲譽上的損失。

釣人合事，得人實也

言有象，事有比。其有象比，以觀其次①。象者象其事，比者比其辭也。以無形求有聲。其釣語合事，得人實也。②其猶張罝（jū）網而取獸也，多張其會而司之。③道合其事，彼自出之，此釣人之網也，常持其網驅之。其不言無比，乃為之變。以象動之，以報其心，見其情，隨而牧之。④己反往，彼覆來，言有象比，因而定基⑤。重之襲之，反之覆之，萬事不失其辭。聖人所誘愚智，事皆不疑。⑥

【註釋】

①次：後邊的，下邊的。此處指言下之意。②其釣語合事，得人實也：像釣魚投魚餌一樣，如果對方所說的與實情不相符，就用引誘性的言辭做誘餌，去引發他說話，以得到實情。③罝網：捕捉野獸的網。會：聚合，此指野獸經常出沒之處。司：通「伺」，偵察。④報：應和。牧：察知，駕馭。⑤定基：確定根本。⑥聖人……不疑：陶弘景注，「聖人誘愚則閉藏，以知其誠；誘智則撥動，以盡其情，咸得其實，故事皆不疑也。」愚智：愚昧的人和智慧的人，此指所有人。

【譯文】

言語中有「象」，事物中有「比」，通過「象」與「比」的手法來探求言語背後的真實意圖。所謂象，是用形象化的手法來比喻事

物；所謂比，是以同類的言辭做類比。採用象與比的手法，可以在無形之中得到對方的回應，了解到對方的實際情況，因為這兩種手法都不直說，很隱晦。如果使用這兩種手法說出的用作誘餌的話與對方所想相符合，那麼對方的回應一定會暴露事實，這些實情將為己方所得。這就好像張著捕獸之網等著獵物投奔一樣，多用反詰之語去多方試探，一旦方法得當，符合情理，對方必然會自己吐露實情，這便是引誘別人說出真實情況的羅網，在實際生活中，常常要持釣人之網，用這樣的釣人方法去驅遣、掌握他人，使其為我所用。如果對方沉默不語，或者話語中沒有可以用來推理、類比的信息，那麼，我們就要改變方法。我們可以用「象」的方法使對方感動，主動迎合對方的心意，從而窺探到他的真實感情，進而駕馭對方。我們與對方經過幾個來回後，通過揣摩對方話語中的「象」和「比」來把握對方的底細，這樣我們就可以確定基本策略了。這樣經過多次的重複與反覆，任何事情都可以從對方的話語中察知。聖人把這種反聽之法用於任何人或事，不會出現任何差錯。

【智慧全解】

孔子說：「文質彬彬，然後君子。」一個有魅力的人，不僅具有通曉事理的內在涵養，而且具有恰如其分的語言修飾能力。可見，運用語言的能力也是相當重要的。

語言是我們最重要的交際工具，是我們表達感情和思想的重要載體。掌握了語言修辭的人，說出的話會通俗易懂、生動活潑；不懂得運用修辭的人，說出來的話往往枯燥難懂、了無生趣。與人交往中，

有些人為什麼能夠成為眾人矚目的對象，輕鬆獲得成功，而有些人卻無人關注，在角落裡鬱鬱寡歡，暗自啜泣，總是徘徊在失敗邊緣呢？其中一個重要的原因就是前者掌握了語言修辭這根變化莫測、奇妙無比的魔杖。

鬼谷子說：「己反往，彼復來，言有象比，因而定基。」說的也是語言的魅力。如果別人不願意聽你說話或者無論你怎麼講對方都聽不明白的時候，你最好不要再一味地灌輸自己的意見、主張，要及時改變說話方法。只有這樣「反往覆來，言有象比」，才能釣出對方的實情，更好地駕馭他人。

在勸說上級、說服他人時，如果能隨機應變地、巧妙地運用比喻、類比等修辭方法，可以讓或枯燥或深奧的道理，變得通俗易懂、生動有趣，往往容易達到化被動為主動，讓對方茅塞頓開、心服口服的目的。

毫無疑問，在競爭極為激烈的現代社會中，善於措辭的人肯定會搶占先機，爭取到更多的利益或避免更大的損失。不過，運用語言修辭有一個重要的前提條件，那就是要保證對方能夠聽得懂，如果對方對你的話壓根聽不明白，那麼你的一切努力都將變得蒼白無力、徒勞無功。

【閱讀延伸】

春秋時期，吳王闔閭企圖派兵攻打楚國，於是便把自己的想法向各位大臣講了：「我想現在攻打楚國，各位認為怎麼樣？」

當時的楚國正處於強盛時期，此時攻打楚國，吳國會冒很大的風險。所以眾大臣聽了闔閭的想法紛紛表示反對，勸說吳王三思而行。

自己的想法遭到反對，吳王當然很生氣，便氣憤地說：「這又怎麼了？以我們現在的實力，一定能取勝！況且，打敗了楚國我們就可以多點地盤。」

一個大臣站出來說：「大王，在攻打楚國期間，我們的兵力將會全部集中在楚國身上，這時如果其他諸侯乘虛而入，我們自然會難以抵抗，導致無法想像的災禍啊！所以⋯⋯」

這個大臣的話還沒說完，吳王就聽不下去了，怒氣衝衝地打斷了他，並拔出寒光閃閃的寶劍，大聲呵斥道：「寡人心意已決，誰若再來勸阻，寡人就處死他。」眾大臣聽了吳王的話，再也不敢出來勸說了，大臣們都知道吳王一心稱霸四野，勸說無益，只會枉送自己性命，於是全都三緘其口，垂頭喪氣地走了。

大臣們走在路上還在唉聲嘆氣地議論此事，沒想到他們的談話被一位侍奉吳王的衛士聽到了，這個衛士也認為這次出兵並非正義之戰，對吳國也不利，很想勸阻吳王，可是吳王已經下了死命令，自己一個小小侍衛，怎麼敢面對吳王直諫呢？可是不勸也不行啊，到底該如何是好呢？衛士陷入冥思苦想中⋯⋯

那個衛士絞盡腦汁地想了好幾天，還真的想出了一個辦法。過幾天，他一清早就走進王宮的後花園，手裡拿著一把彈弓，轉到東，轉到西，連衣服被露水打濕了也毫不在乎。就這樣，他在那裡轉了三天，終於被吳王發現了！

吳王覺得很奇怪，就把衛士叫到跟前，問：「這幾天你天天早上都在花園裡走來走去，看吧，你的衣裳都被露水打濕了，你這是在做什麼啊？」

　　衛士稽首行禮後，恭敬地回答說：「稟報大王，我在打鳥。」

　　吳王問：「哦，那你轉悠幾天了，有沒有打著鳥呢？」

　　「回大王，鳥我沒打著，不過我遇到了一件特別有趣的事情！」衛士有些興奮地說。

　　「哦！什麼事情這麼有意思？說來聽聽！」吳王也有了興趣，面帶微笑地問道。

　　「大王，你看，那棵樹上趴著一隻蟬，它在樹的高處悠閒地叫著，自由自在地喝著露水，卻不知道有只螳螂在它的身後，舉著前爪，準備撲上去捉它呢！可是那隻螳螂，也完全沒有料到在它的身後有一隻伸長脖子的黃雀呢！」

　　吳王誇獎道：「嗯，你看得真仔細！那黃雀要捉螳螂嗎？」

　　衛士笑笑說：「是的，黃雀正要啄食螳螂，它卻不知道我拿著彈弓正瞄準它呢！」

　　吳王笑道：「呵呵，還真的很有意思。」

　　衛士繼續說：「大王，蟬、螳螂、黃雀，它們都一心想得到眼前的利益，卻沒考慮到自己身後正隱伏著的危險啊！」

吳王哪裡會不明白衛士的意思呢？他沉默了那麼一小會兒，就恍然大悟了：原來衛士在用「螳螂捕蟬，黃雀在後」這樣一個形象的比喻，來表達攻打楚國其他諸侯會乘虛而入的道理。於是吳王呵呵一笑說：「你講得太有道理了！螳螂捕蟬，黃雀在後，我真是太糊塗了，差點鑄成了大錯。」於是，他取消了攻打楚國的計劃，重賞了衛士。

　　試想一下，如果這名衛士也像其他大臣一樣直白地去勸說闔閭放棄攻打楚國的計劃，那麼，他不但達不到勸誡的目的，還會賠上自己的性命，吳國的歷史或許就會被改寫了，幸好，這名衛士相當聰明，他沒有赤裸裸地直勸，而是通過「螳螂捕蟬，黃雀在後」的生動事例來啟發、刺激吳王，使吳王自己悟出其中的道理，明白自己的錯誤，從而取消了自己一意孤行的攻楚計劃。

善反聽者，以得其情

　　故善反聽者，乃變鬼神以得其情。[①]其變當也，而牧之審也。[②]牧之不審，得情不明；得情不明，定基不審。變象比，必有反辭，以還聽之。

【註釋】

　　①反聽：指發出信息去引誘對方，進而從反饋回來的信息中測得對方的真實情況。　變鬼神：指猶如鬼神般靈活多變、玄妙莫測。②當：恰到好處。審：審查，摸清。

【譯文】

　　所以，對於那些善於反聽的人而言，就像神鬼一樣變幻莫測，能刺探到實情。只要我們的言語應變恰當，就能詳盡地查明對方的實情。不能查明對方的實情，主要是因為從對方那裡獲得的言辭信息不明，因為獲得的言辭信息不明，所以就不能明了對方的真實意圖，也就定不下控制對方的策略。如果對對方的實情不明了，就要使用「變象比」的手法，不斷地變換我方話語中透露出的「象」和「比」，那麼，對方言辭中一定有反應，然後我方再返回來聽。

【智慧全解】

　　鬼谷子說：「必有反辭，以還聽之。」這裡的「反辭」是一種「激

氣」「勵氣」和「怒而撓之」的言辭，是能夠激發對方有所反應的言辭，是一種利用逆向思維的遊說技巧。鬼谷子認為，人人都有自尊心，但有時由於某種原因，這種自尊心會受到自我壓抑，這個時候採用這種激將之法，就能反聽出對方的實情。

每個人都有不服輸的心理，激將法正是利用人的這個心理，有意識地運用反面的刺激性語言，將其潛能激發出來，從而有意地讓對方的思維能夠按照自己希望的路線發展。

古人云：「水激石則鳴，人激志則宏。」這種以激燃自尊火花為目標的遊說藝術，往往能在短時間內激發出巨大的力量。試想，有哪個人願意被人說成「不行」呢？當別人說自己「一定不行」之類的話時，相信每個人都會不甘認輸而認真起來。

「反辭以還聽」的說服辦法既可用於己，也可用於友，還可用於敵。它的目的不是激化矛盾，而是鼓動人去做某事的一種手段。運用這種辦法一定要注意以下幾點：

首先，凡事皆有度，失去了度，就會適得其反，所以要掌握好「反辭」的分寸，不要簡單地貶低、諷刺、羞辱或挖苦對方，而要在「反辭」中加以「引導」，將對方的情緒引導致事先規劃的情況，以達到激勵他人的目的。

其次，常言說得好，「過猶不及」，運用「反辭」切不可過急或過緩，過急會欲速則不達，只會激怒對方，使事情往相反的結果發展；過緩，對方則會無動於衷，根本激不起對方的自尊心，那當然也無法達到激將的目的了。

再次，不同的人有不同的性情，也要使用不同的「反辭」，切不可千篇一律地濫用。對於過於世故、沉穩、保守、多疑的人來說，「反辭」往往難以奏效，還會使對方心生警惕。

【閱讀延伸】

東漢末年，曹操率兵南下，企圖奪取荊州。當時據守荊州的劉備勢單力薄，根本無力抵抗，一敗再敗，陷入困境。而要解除眼前的困局，辦法只有一個，那就是與江東的孫權聯手共同抗曹。於是，諸葛亮主動請纓，前往江東求援。

當時的孫權勢力不弱，擁有江東和十萬精兵，而且有長江天塹作為天然屏障，他本想坐觀江北各路豪傑惡鬥，坐收漁翁之利。他一看到諸葛亮前來，就明白其此行的目的，所以一露面，劈頭就問：「先生此來東吳，是因為劉備被曹操逼得無路可走了吧？」

諸葛亮向來善度人，一見孫權一表人才，便明白這種人是難以用言語說動的，於是隻字不提聯吳抗曹的請求。

寒暄之後，孫權忍不住問諸葛亮：「現在曹操共有多少人馬？你可知道？」

諸葛亮微笑著回答：「共一百餘萬。」

「曹操在兗州時，就有青州軍二十萬；平定河北，又得五六十萬；在中原招新兵三四十萬，現在又得荊州兵二三十萬。如此算來，曹兵不下一五〇萬，你怎麼說只有一百餘萬呢？」孫權反問道。

諸葛亮不卑不亢，依然面露微笑，說：「我之所以說只有一百萬，是怕驚嚇了江東之士。」

　　孫權的謀士魯肅也傾向於聯合劉備共同抗曹，他一聽諸葛亮所言，頓時大驚失色，一個勁地向諸葛亮使眼色。

　　豈料諸葛亮只是裝著沒看見，繼續說道：「現在曹操幾乎將天下完全平定了，名震天下，各路英雄紛紛投到他旗下，以目前的情勢，沒有人能與曹軍相抗，盡快解除武裝，臣服於曹操才是上策。將軍你是否已定好方針？時間剩下不多，再不做決定就來不及了。」

　　聽完諸葛亮這一席話，孫權心生不滿，但還是不露聲色，問道：「照你的說法，劉備為何不向曹操投降呢？」

　　諸葛亮答道：「當年的田橫，不過是齊國的一名壯士罷了，尚能篤守節義，為了不服侍二主，在漢高祖招降時不願稱臣而自我了斷，更何況我主劉皇叔乃堂堂漢室之後。欽慕劉皇叔之英邁資質，而投到他旗下的優秀人才不計其數，不論事成或不成，都只能說是天意，怎可向曹賊投降？」

　　諸葛亮的這番話表明了他不把孫權以及整個江東放在眼中，孫權聽後忍不住火氣直冒，拂衣而起，退入後堂。魯肅也埋怨諸葛亮方才不該大談曹軍兵力之雄壯。諸葛亮笑而不語。

　　過了一會兒，孫權又轉了回來，而且面帶笑容，他重新坐下與諸葛亮相談，說：「劉皇叔一連失敗，尚且不願投降曹軍，我堂堂東吳怎麼願意受曹操控制呢！但如果我們聯手抗曹，一定可以將曹軍趕回

北方。」

不久，孫、劉聯盟共同對抗曹操的局面正式形成了。後來，就有了舉世聞名的赤壁之戰，並為三國鼎立局面的形成奠定了基礎。

大家知道，諸葛亮出使江東就是為了聯吳抗曹的，目的明確，他明知血氣方剛、年輕有為的孫權不會屈居曹操之下，卻做出一副強硬的態度，勸說孫權投降曹操，激發了孫權的自尊心和鬥志，很順利地完成了使命。試想，假如諸葛亮不用「反辭」刺激孫權，而是低聲下氣、百般討好，能否勸說成功，達到聯吳抗曹的目的呢？肯定不容易。從這個事例可以看出，針對特殊性情的人，正面勸說真的不如反面刺激有效。

欲高反下，欲取反與

欲聞其聲反默，欲張反斂，欲高反下，欲取反與。欲開情者，象而比之，以牧其辭。①同聲相呼，實理同歸。②

或因此，或因彼，或以事上，或以牧下。此聽真偽，知同異，得其情詐也。動作言默，與此出入，喜怒由此以見其式。皆以先定為之法則。以反求覆，觀其所托③。

【註釋】

①開情：讓對方吐露情懷。象而比之：在引誘言辭中描繪同類事物的形象，或列舉歷史上同類的事例做類比，以此來引發對方。②同聲相呼，實理同歸：聲音相同就會相互呼應，看法一致就會走到一起。③托：指言辭之中背後的實情。

【譯文】

總而言之，要想聽到對方的聲音，我方必須先要沉默；要想讓對方張口，我方必須先要收斂；要想升高，我方必須先要下降；要想取得，我方必須先要給予。想要讓對方吐露情懷，我方要先設表象引誘他，並用類比的辦法來駕馭言辭。聲音相同就會有所呼應，看法一致就能走到一起。

反聽的辦法或者用在這裡，或者用在那裡，或者用在侍奉上司，或者用來管理下屬。這是辨別真假、分析同異、分清真誠與虛偽的方

法。對方的動作、言語、口氣，都可以用此方法去考察；對方的一喜一怒，都可以用此方法見其端倪。所有這些，都以我方首先做好準備為法則。用「反」來求對方回應，然後觀察對方的真實意圖。

【智慧全解】

相信大家對下面這則故事都不會陌生吧？

傳說有一個人遇到上帝，向上帝請教什麼是天堂。上帝見他一片赤誠，便說：「請隨我來。」此人跟隨上帝來到一個房間，看到房間內放著一口大鍋，鍋的四周圍坐著一群手執湯勺的人，湯勺的柄很長，儘管這些人爭先恐後地把盛滿湯的勺子往嘴裡送，可是就是無法送到嘴裡，這群人很痛苦。上帝對那人說：「這裡是地獄。」

然後上帝又帶著此人來到另一個房間，這間房裡的擺設跟前一個房間一樣，不過這裡的人都在津津有味地喝著湯，因為他們全都舉著湯勺先往別人嘴裡送，大家相互給予，過得十分幸福。上帝說：「這裡就是天堂。」

此故事雖短，卻很有哲理，此寓意正如鬼谷子所說「欲聞其聲反默，欲張反斂，欲高反下，欲取反與」。

無論在生活中還是工作上，我們身邊都不乏抱怨他人虛偽冷漠、世態炎涼的人。其實，這都源於自己一味地求得，卻不知道怎樣去給予。與其抱怨，不如自己先走出自私自利的泥潭，先學會給予。

給予就好比是兩群人手中的長柄勺，運用得當，可以把地獄變成

天堂。給予與收穫如一對不甚親密的夥伴，總是給予先行，收穫才姍姍來遲。當你給予別人的時候，別人也在以同樣的方式回報你。

生活就是這樣，人們都習慣用相同的方式去回報他人為我們做的一切，我們一旦接受了別人的東西，就有了償還的義務。正如生活中的一個普遍現象，如果有人請我們吃了一次飯，我們總要找個機會回請他；如果一個人幫了我們一次忙，我們也會願意幫他一次。當一個人接受了別人的東西后，他的償還義務就開始了。這就是人際交往中的「互惠原則」。

所以，要想收穫更多，我們就要首先學會給予，就像歌德說過的「若要實現自己的價值，就得先給世界創造價值」。學會給予吧，相信成功和幸福會不知不覺地降臨到你身邊。

【閱讀延伸】

春秋時期，齊相國孟嘗君是一個禮賢下士的賢相，他的門下有很多門客，其中一個名叫馮諼。馮諼來到孟府很長時間了，卻什麼事都不做，如同一個遊手好閒的吃客。孟嘗君雖然覺得很奇怪，但好客的他每次都會熱情招待他。

轉眼過去了一年，孟嘗君想派一名門客前往封地薛地去收債。馮諼自告奮勇地說自己能去，孟嘗君高興地叫總管把合同契據給了馮諼，並備好了馬車。

臨出發前，馮諼向孟嘗君詢問道：「債收齊後，買些什麼東西回來？」

孟嘗君答道：「先生自己看吧，我家裡缺少什麼就買什麼吧！」

馮諼驅車到了薛地，那裡的勞苦百姓聽說孟嘗君派人來收債了，一個個叫苦連天。原來，這一年薛地的收成非常不好，老百姓們勉強夠溫飽，哪還有餘錢交利息呢？

見此情形，馮諼有些為難了。但他略一沉思，便對大家說道：「大家不要慌張，我不是來收債的。孟嘗君知道你們今年收成不好，便令我前來燒契據，說把那些錢賞賜給你們了。」說完，便當眾燒掉了契據。

老百姓們全都高呼萬歲，紛紛稱讚孟嘗君的大恩大德。

馮諼很快返回到孟嘗君家中，孟嘗君見他兩手空空地回來了，便奇怪地問道：「事情辦得怎麼樣？你買了什麼回來？」

馮諼絲毫不慌張，淡定地回答道：「我什麼都沒有買，而且把所有的契據都燒掉了。」

孟嘗君一聽，火了，「什麼？我的封地本來就少，而百姓很多時候還不按時還利息，賓客們連吃飯都怕不夠用，所以請先生去收繳欠債。但現在你不僅沒有把債收回來，居然還燒燬了所有的契據！」

儘管孟嘗君雷霆大怒，可馮諼一點也不示弱，依然一臉平靜地說：「但我替您把『義』買了回來！收回了民心。」

孟嘗君問：「你這是什麼意思？」

馮諼回答：「臨行時您曾說過，讓我看您家裡缺少什麼就買什

麼。我看您府上堆滿了財寶，畜欄裡養滿了良犬駿馬，堂下站滿絕色美人，您現在可以說什麼都不缺了，但民心卻是多多益善的。」

頓了頓，馮諼繼續說：「借您錢的大多是窮人，他們越來越窮，即使跟他們討債十年也討不到，如果硬逼的話，他們就會用逃亡的辦法賴掉債務。而主動燒掉那些根本得不到的借據，則會讓他們主動親近您、信任您、擁護您，彰顯您的好名聲啊！您有什麼可疑惑的呢？」

孟嘗君聽後，也明白了馮諼的良苦用心，於是連聲道謝。

後來，齊王受到秦國和楚國誹謗言論的蠱惑，罷免了孟嘗君的相位。孟嘗君只得回到自己的封地薛地。出乎他意料的是，他在百里外便受到了薛地百姓的熱烈歡迎。孟嘗君對馮諼說：「先生的目光真是遠大呀，您替我買的『義』，今天終於看到了。」

馮諼真可謂是一位具有遠見卓識的戰略家，他通過燒燬不可得的借據，將先前的借款給予了薛地百姓。從表面上看，這好像讓孟嘗君受到了損失，卻為他買到了義，收穫了民心，所以才有了後來孟嘗君被罷官前往薛地，百姓們百里之外相迎的動人場景。由此可以看出，任何的給予都不會沒有收穫，最終都會得到回報。

量能射意，符應不失

故用此者，己欲平靜以聽其辭，察其事，論萬物，別雄雌。雖非其事，見微知類。若探人而居其內，量其能射其意，符應不失，如騰（téng）蛇之所指，若羿之引矢。[①]

【註釋】

①騰蛇：傳說中的一種能興雲作霧的神蛇，六朝術士用以占卜人的禍福。羿：古代神話傳說中的英雄人物，擅長射箭。引：拉開弓。矢：箭。

【譯文】

我們要平心靜氣地去聽取別人的言辭、事理，議論萬物，分辨事物的好壞。就算不是這個事，也可以從同類事物的微小徵兆來推理認識此事的類別、實質和發展趨勢。這就像深入到對方內心去探測他一樣，可以準確地估量出他的能力，猜測出他的本意。這種方法就像「符應現象」那樣不失其意，像騰蛇指示禍福那樣準確無誤，像后羿張弓射箭那樣百發百中。

【智慧全解】

鬼谷子認為，做事要「量其能射其意」，必須果斷勇敢，一旦想法成熟就要馬上行動，絕對不能優柔寡斷、舉棋不定，這樣才能「符

應不失」，否則只會迷失方向，錯失良機，處處落後於人，讓自己陷入被動的局面。

事實確實如此，生活中很多事情最後能否成功，其關鍵就在於當事人是否把握住了時機，是否立即採取了行動。相信很多人有過這樣的經歷：自己曾有過一個很不錯的想法，只是因為沒有馬上付諸行動，結果此想法不是被忘記，就是被放棄。當別人取得成功時，才猛地想起當初自己也曾有過這樣的想法，卻沒有去做，後悔不迭。

優柔寡斷是做事的一個致命弱點，它可以摧毀一個人的自信心，擾亂其判斷力，進而導致其人生的失敗。就拿西楚霸王項羽來說吧，項羽性格上的一大特點就是優柔寡斷，鴻門宴上他幾次不忍殺劉邦，放虎歸山，最終被劉邦四面埋伏，落了一個「烏江不是無船渡，恥向東吳再起兵」的悲慘結局。

俗話說「機不可失，時不再來」，任何事情都講究速度、時效，現代社會競爭激烈，每個人都在想辦法、做事情，眾人都處於同一條起跑線上，你如果稍稍停留一會兒，就有可能被別人甩在身後。所以，一旦有了好想法，就要馬上行動，否則這個想法很可能被別人付諸實踐。

因此，要想「如螣蛇之所指，若羿之引矢」，一定要當機立斷。首先下手之前，要調動所有的器官去觀察，去感覺，去傾聽，也就是「量其能射其意」「若探人而居其內」，儘快收集各種信息，形成一個較為成熟的想法，而且還要知道怎樣朝這個方向努力。這是關鍵，只有這樣做了，才能心中有數，才能做到胸有成竹、從容淡定，從而讓

自己立於不敗之地。要不然，不僅事情辦不成功，而且還會因為失誤而浪費精力。

總而言之，事情一旦決定，就要馬上去做，尤其是競爭愈發激烈的現代社會中，要想占得先機、成就大事，在理清事情的大體方案後，只要大方向沒錯，就不要瞻前顧後，只需要立即付諸行動，既快又好地把事情完成。任何事情一旦決定了，如果方向沒有錯就應該馬不停蹄地去做。

【閱讀延伸】

東漢末期，諸侯割據，戰亂四起，曹操在其中逐漸凸顯實力，其霸業蒸蒸日上。在曹操的霸業史上，一個人物功勛卓著，不能不提，他就是素有「小太公」之稱的郭嘉。郭嘉是曹操旗下的一名謀士，此人足智多謀，神機妙算，曾多次幫助曹操在戰爭中獲得勝利。

在官渡之戰中，曹操打敗了盤踞在冀、青、幽、並四州的袁紹，後來，殺了袁紹長子袁譚，袁紹的另外兩個兒子袁尚、袁熙趁亂逃脫。

曹操本想乘勝追擊，一舉斬草除根，而郭嘉阻攔說：「袁紹很喜歡這兩個兒子，生前沒有確立繼承人。現在他倆肯定會發生內訌，爭權奪利，不久就會崩潰，到時就可以一舉平定。而如果現在我軍急攻，他倆會相互支持，同仇敵愾。這樣豈不給我軍帶來極大的損失？」

曹操一聽，覺得郭嘉言之有理，便採納了他的意見，班師回朝

了。果然如郭嘉所言，沒過多久，袁氏兄弟就發生了內鬥，袁尚投奔了遼河流域的烏丸族首領蹋頓單于。

蹋頓決心支持袁尚，乘機侵擾漢朝邊境，破壞邊境地區人民的正常生產和生活。曹操有心要去征討袁尚及蹋頓，但又擔心遠征之後，荊州的劉表會乘機派劉備來襲擊自己的後方。

見曹操猶豫不決，郭嘉說：「劉表是個空談家，知道自己才能不及劉備，平時冷落劉備。劉備不受重用，自然不肯多為劉表出力。所以你只管放心遠征烏丸，不會有後顧之憂的。」

於是，曹操領軍出征。誰知，由於軍用物資多，曹軍行軍速度慢，走了一個多月才到達河間的易城（今屬河北）。

郭嘉見了，甚為焦急，趕緊進諫曹操：「如果一直這樣行軍，很可能會延誤戰機，讓袁尚喘過氣來，重新收集殘部，到時加上烏丸各族響應，蹋頓有了野心，只怕我們剛剛收復的冀州、青州又要被別人奪去。」

曹操也很著急，急切地問：「那該如何是好？」

「用兵貴在神速，我們不如留下笨重的軍械物資，讓部隊輕裝，以加倍的速度前進，晝夜兼程，乘敵人沒有防備就發起進攻，那樣就能大獲全勝。」郭嘉回答。

曹操點頭稱是，迅速按照郭嘉的計策，親自率領數千精兵，輕裝祕密北上，直達蹋頓單于的駐地柳城。烏丸人驚慌失措地應戰，很快被殺得一敗塗地，蹋頓死於亂箭中，袁尚逃往遼東，後被太守孫康所

殺。

郭嘉在對敵方充分了解的基礎上，力勸曹操「兵貴神速，欲速也可達」，要果斷行動，最終一舉殲滅了蹋頓，讓袁尚成為「喪家之犬」。

郭嘉堪稱是一位果敢善謀的軍事家，他深知「機不可失，時不再來」的道理，向曹操多次提出建設性的建議，從而幫助曹操成就了一番霸業。

反應遲鈍、優柔寡斷、猶猶豫豫向來都是導致失敗的致命傷。要想取得成功，就要像郭嘉那樣，具備敏銳的眼光，善於審時度勢，有善斷並且決斷的勇氣和膽識。在關鍵時刻，剛毅果決，大膽拍案，及時調整辦事策略，轉移戰略方向。

知之始己，而後知人

　　故知之始己①，自知而後知人也。其相知也，若比目之魚；其見形也，若光之與影。其察言也不失，若磁石之取針，如舌之取燔（fán）骨②。其與人也微，其見情也疾。

【註釋】

　　①始己：始於己，從自己開始。②燔骨：烤爛的骨頭肉。燔，燒，烤。

【譯文】

　　因此，要想了解外界的人或事物，最好的方法就是從了解自己開始。只有先自知，然後才能知他人。自知和知他人就像比目魚一樣是兩兩並行的。對方一現形，就像光一樣顯露出來，我方就像影子一樣，馬上捕捉到對方的實情。我們如果做到了自知，在觀察對方言辭的時候，從中得到自己想要的東西，就會像磁石吸取鐵針那樣可以不失毫釐地掌握到對方的真情實意，又像舌頭舔取烤爛了的骨頭肉那樣可以輕易地一探即得實情。我們雖然給予對方的信息量很少，但得到對方的實情卻又多又快。

【智慧全解】

　　鬼谷子說：「知之始己，自知而後知人也。」強調要想掌握情

況，必須從自己開始，只有先了解自己，然後才能了解別人。

鬼谷子的這個觀點跟我們所熟知的「知己知彼，百戰不殆」具有異曲同工之妙，不過，鬼谷子更強調自知，把自知作為知人的前提。這個觀點頗具見地，無論在處理事情上，還是在為人處世中，自知之明都是人的一種重要品質。

歷史上，趙括和馬謖都是無自知之明、不自量力的典型。他們本身屬於那種會動腦，但缺乏實踐經驗、不會動手的人，如果只是在軍營中做一個參謀，為主帥出謀劃策，或許還能發揮他們的才幹。或者，他們可以參加一些小的戰鬥逐漸培養實戰經驗，待經驗豐富之後，將理論與實踐結合，沒準也能成為一代良將。可惜，他們在還不具備將帥之才的時候，硬著頭皮肩負起了重要的軍事任務。馬謖出征前甚至立下了軍令狀。諸葛亮曾叮囑他：要在平地上紮營，阻擊魏軍。可馬謖卻自恃聰明，硬要在山上屯兵。結果被魏兵圍困，導致大敗，丟失街亭，掉了腦袋。不了解自己的真正水平，冒險而為，歷史上和現實中許多慘痛的悲劇和沉痛的教訓就是這樣造成的。

在現實生活中，自知要比知人難得多，這就像眼睛看不到睫毛，自己的缺點自己往往很難看到。因為每個人或多或少都有些虛榮心，這個虛榮心使人不願意看到自己的缺點。東漢時期，有個官員名叫戴聖，此人學識淵博，名重一時。但他處理政務不遵法令，造成了許多冤案錯案。有一個名叫何武的官員向朝廷揭發了戴聖的過失。朝廷經過核查，免去了戴聖的官職。戴聖很生氣，覺得何武在跟自己過不去，便找一切機會詆毀何武，而何武知道後總是一笑了之。有一次，

戴聖的兒子犯了罪，被抓獲後押到官府聽候處理，而主審官正是何武。戴聖認定何武會將他兒子置於死地，整天茶飯不思。可是，何武公正判決，並沒有判處其死刑。這時，戴聖開始反省自己的過錯，才發現自己以前確實有很多不是。於是，他到何武家去認錯，兩人從此成為好朋友。

戴聖見多識廣，知天知地又知人，可就是不自知，在何武的感染下，他深刻反省己過，終於補上了人生的重要一課，避免犯下更大的過錯。

要了解別人，首先必須了解自己，自己有了定見，才能正確而靈活地運用各種策略，進退自如。正如老子所說：「知人者智，自知者明。」能夠了解別人，當然稱得上聰明，但如果能知人更能自知，懂得「知之始己，自知知人」，那才稱得上真正的大智慧。

【閱讀延伸】

春秋時期，楚國國君楚文王有一個傾國傾城的姬妾，名叫息嬀。西元前六六六年，楚文王去世，楚文王的弟弟公子元想討好息嬀，求得美人的歡心，便日夜在息嬀寢宮附近的館舍裡鶯歌燕舞。息嬀知道公子元的用意，感嘆道：「阿叔身為令尹，不奮發圖強，重振國威，卻沉醉於靡靡之音中，真令人擔心！」息嬀的這番話很快傳到了公子元耳中，公子元一心要討好嫂嫂，便決定率領大軍去攻打鄰邦鄭國。

當時，鄭國國勢微弱，跟楚國根本不可相提並論。面對來勢洶洶的楚軍，鄭文公驚慌失措，急忙召人商討對策。叔詹不慌不忙地說：

「從前，楚國出兵，從未有這麼大規模。據我所知，公子元這次出兵，不過是討好他的嫂嫂，沒有什麼其他目的。楚兵若來，老臣自有退兵之計。」

楚軍先頭部隊很快就來到了鄭國都城城下，叔詹下令軍隊埋伏在城內，大開城門，街上商店照常做買賣。百姓來來往往，熙熙攘攘，秩序井然，毫無緊張氣氛。楚軍見此情景，非常吃驚，認為城中一定早有防備，此番情景只是為了誘敵深入罷了。楚軍不敢貿然殺進，趕緊下令就地紮營，等候主帥的指示。

公子元率領大部隊趕到，見城內秩序井然，也是大為震驚，覺得城內定有埋伏，心裡躊躇不已。他想到鄭國與齊、宋、魯有盟約，眼下城內有埋伏，萬一不能取勝，齊、宋、魯援軍一到，前後夾擊，楚軍一定會失敗，自己哪裡還有臉面回去面對嫂嫂呢？再說這次出兵，已攻下幾個地方，幾天之間，就打到鄭國都城，也算是打了勝仗，目的已經基本達到，還是見好就收吧！

這樣一想，公子元便連夜班師回國，不過他實在擔心鄭軍追擊，於是命令所有營帳保持原樣，遍插旗子，也想擺一個空城計，疑惑鄭兵。

第二天，叔詹登城遙望楚營，看了不大一會兒，就興奮地叫道：「楚兵撤走了！」眾人都不相信。叔詹指著遠處說：「凡是軍隊駐紮的營地，必定擊鼓壯威，以嚇駭鬼神。你們看那裡有飛鳥盤旋，證明軍營裡連一個人也沒有了。我料定楚軍怕齊國援軍趕到，被內外夾擊，連夜撤走，還擺下一座空營來迷惑我們。可惜，公子元會擺空營

計，卻識不破我的空城計！」

很明顯，公子元就是一個不知己也不知人的人，他所擺的空營計在對方眼中就是一個笑話。而鄭國大臣叔詹與其相反，他不僅了解己方的實力，而且了解對方的實情以及真實意圖，所以他充分利用了公子元以及楚軍的多疑，擺了一個空城計，讓楚軍不敢貿然進攻，達到了不戰而退敵的良好效果。

圓以道之，方以事之

　　如陰與陽，如圓與方。①未見形，圓以道之；既見形，方以事之。進退左右，以是司之。己不先定，牧人不正。事用不巧，是謂忘情失道②。己審先定以牧人，策而無形容，莫見其門，是謂天神③。

【註釋】

　　①圓：說一些迎合對方的話。方：按規矩行事。②忘情失道：忘記得情的規律，失去得情的本質。③天神：天神無形無容，難測難知，這裡指達到了最高境界。

【譯文】

　　無論用於「陰」或「陽」的情況、「圓」或「方」的事物，都可以得心應手。如果沒有見到對方的實情，那麼就說一些迎合對方的話，引導他說出實情；如果得到了對方的實情，那麼就按我方已經設計好的對策去行事。如此，進退左右等一切行動都可以用這種規則去掌握。總之，我們如果不先定，那麼就無法駕馭對方。如果在我方未定時倉促行事，那就是忘記了得情的規律。我方先定然後去駕馭對方，做到計策謀略不露行跡，讓對方摸不透、抓不著我們的門路，這是獲得對方實情的最高境界。

【智慧全解】

鬼谷子說：「未見形，圓以道之；既見形，方以事之。」意思是說，在情況還未明朗以前以圓略來誘惑對手，在情況明朗以後就要用方略來戰勝對方。無論是向前還是向後，無論是向左還是向右，都可用這個方法來對待。

　　北宋年間有兩個神童級的人物，一個叫晏殊，一個叫蔡伯俙。地方把這兩個人推薦給了宋真宗，宋真宗一高興就讓這二人做了太子的伴讀。孩子都愛玩，皇太子也不例外。每當皇太子貪玩的時候，晏殊總是規勸他，太子為此很討厭晏殊，而蔡伯俙不同，他處處討太子的歡心。有一次，真宗皇帝要檢查太子的學業，太子要晏殊代做一篇。晏殊不肯。太子又叫蔡伯俙寫，蔡伯俙馬上代寫了一篇。真宗皇帝發覺有假，追問下來，晏殊如實稟告了。這下太子氣壞了，他惡狠狠地對晏殊說：「我將來當了皇帝，要殺你的頭！」晏殊毫無懼色地回答：「就是殺我的頭，我也不弄虛作假。」後來，太子即位，當了仁宗皇帝，晏殊被他任命為宰相，而蔡伯俙反而被疏遠了。

　　晏殊以方略對待皇太子，絕不弄虛作假，結果後來被委以重任。而蔡伯俙一味採取圓略，阿諛奉承，反而遭到疏遠。不過，晏殊並不是一味地以「方」處世，他也有「圓」的一面。他還沒當上宰相的時候，有一次，皇帝稱讚晏殊說：「別人都縱情聲色，只有晏殊生活勤勉儉樸。」晏殊則悄悄告訴皇帝：「我也想跟他們一樣啊，只是我的官職太低，又沒有錢，而且事務太忙。」後來，晏殊官位提升、薪俸多起來後，他果然也像其他人一樣享樂。晏殊的這一做法，與老子倡導的「和其光、同其塵」的思想十分吻合。稍微知曉點歷史知識的人都知道，宋朝是一個崇尚享樂的朝代，整個社會風氣都是如此，假如

晏殊一味地求方，而不知其圓，自命清高，就會落個不合群的話柄，拒人於千里之外就不利於諸多事務的開展了。能方能圓，正是晏殊的高明之處。

在王安石初入仕途的時候，晏殊曾送給他一句至理名言：「能容物者，物乃能容。」意思是說，不要責難別人輕微的過錯，不要隨便揭發他人個人生活中的隱私。不管你的品德多麼高尚，你的觀點多麼正確，只要你對別人苛刻，他就會把你當成他的敵人。不念人舊惡是要有些胸襟的，只有修養高的人才可能做得到。其實人際間的矛盾往往因時因事而轉移，總把思路放到過去的恩怨上屬於不智之舉。

而生性聰明、學識淵博的王安石似乎並沒有把這句話放在心上，他的口下向來不留任何情面。鄭毅夫寫詩引用李白詩句，他就嘲笑：「此人不識字。」王安石成名前，舅舅曾諷刺他的蛇皮身，一旦科舉得中，他就立刻寄詩給舅舅報此仇。儘管他倡導的變法利國利民，但攻擊四起，終於夭折。試想，如果王安石能寬厚待人，能方能圓，陰陽結合，那麼變法會有一個什麼樣的結果呢？王安石本人的結局又會怎樣呢？可是，生活沒有如果。

與人相處一定要懂陰陽，知方圓，有分寸，既不可對人苛刻，也不可過於親近。我們常常說對人要真誠友好，這並不是說要沒有選擇地和任何人做朋友。在向別人掏心窩時，一定要先對他有所了解。一個人不設防地對待他人，而且成了習慣，如果他自己感覺累了，或覺得彼此志不同道不合了，這時再抽身，對彼此都沒好處。生活中，由這個原因而引起的矛盾並不在少數。

學習方圓之道，必須解決一個重要的問題，那就是如何對待別人的錯誤。倘若別人無意中犯了錯誤，違背了你的心願，打亂了你的計劃，這時，你的第一反應可能是氣憤，接下來可能會大發雷霆。相信很多人都會是這個樣子，然而這樣之後又如何呢？當然是於事無補，其結果往往是加劇了對方的恐懼，使事情越來越糟糕。其實，如果能夠忍住一時的怒火，反過來寬容別人，結局就會不同。這就是鬼谷子所說的「如陰與陽，如圓與方」的處世之道，只有做到這樣，才能「與人也微，見情也疾」。

【閱讀延伸】

清朝時，江寧縣有一位知縣，名叫袁子才。此人見多識廣，足智多謀，而且斷案如神，靈活多變，百姓們有了冤情都會找他申訴。

有一次，江寧縣發生了一件比較特殊的案子。話說一位貌美如花的陳姓女子許配給了同村的一位李姓男子。可是男方家裡很窮，一點聘禮都拿不出來，所以二人一直沒能成婚。陳女長得漂亮，引來許多男子的青睞，時日不長，她就被一位風流和尚設計姦污了。和尚威逼利誘此女不能向外洩露隱情，陳女無奈之下只好做了和尚的地下情婦。

然而，要想人不知，除非己莫為。這種事情哪能瞞得過世人雪亮的眼睛呢？事情很快就敗露了。當地一些無賴之徒知道後，便想藉機敲詐錢財，一天晚上，和尚又與陳女約會，那些無賴就將他們抓了個現形，然後押到縣衙。

在縣衙，袁子才分別審問了二人，他先問陳女：「你這個女子，真是不知羞恥，快把你和和尚通姦的事情如實招來。」陳女一把鼻涕一把淚地把事情和盤托出，她一再強調，自己雖然這樣了，可心裡一直牽掛著未婚夫李某。

經過一番審問，袁子才了解了整個事情的真相，於是便讓陳女退下，坐在那裡沉思。手下看他一言不發，便問：「大人，您是被難住了嗎？」袁子才笑著說：「這個案子很簡單，難不倒我。不過這個案子有點特殊，要用一些特殊方法去裁斷，我得好好琢磨一下。」

思索良久，袁子才連夜提審和尚，一頓申斥後，勒令其寫下一張二百兩銀子的借據，然後脫掉他的和尚袍，將其趕出衙門。然後，袁子才又找來一位幹粗活、留短髮的女傭，低聲吩咐了幾句，讓她穿上和尚袍，看押起來。

第二天一早，袁子才繼續升堂問案，還是先審陳女，陳女一句話不說，只是低頭哭泣。袁子才又審和尚，對他怒喝道：「你身為出家之人，竟也幹出如此齷齪之事，來人，重打八十大板。」衙役卻發現和尚竟然是一個尼姑，袁子才假戲真做，也面露詫異之色，怒斥捉姦者：「你們這群無賴，竟然戲弄本官，來人，把他亂棍轟出去。」

這個案子就這樣給結了。

過了幾天，袁子才又尋來陳女的未婚夫李某，試探他對陳女的態度。李某說：「這次醜聞責任不在陳女，是我自己拿不出聘禮，而耽誤了她，所以才讓她遭人陷害。」

袁子才又問：「如果我有一筆錢，讓你們結婚用，你願意跟陳女結婚嗎？不過你放心，這筆錢來路光明正大，而且是送給你們的。」李某感激萬分，連連點頭。袁子才趕緊派人把那和尚的借據到錢莊兌換成現銀，交給了李某。李某立即去陳女家納徵，這對男女終成眷屬。

　　就這樣，一樁難辦的案子被袁子才輕易地破解了，一對男女結下了一段姻緣。袁子才的手下直誇：「大人真是高明，您是怎樣想出這麼個妙招的？」袁子才說：「我只告訴你一句話，辦任何事情都不能認死理，要根據具體情況靈活處理。」

　　袁子才靈活運用了方圓之術，使得一樁醜聞畫了一個完美的句號，真是把鬼谷子的「圓以道之，方以事之」的智慧運用得出神入化！

內揵第三：
審時度勢，巧言善諫

　　「內」，內心世界，引申為揣度君主心思，順從君主心意，投其所好；「揵」同「楗」，引申為設法進獻自己的計謀。「內揵」就是通過恰當的言辭探知君主的內心，並從內心與之結交。鬼谷子認為遊說他人，最關鍵的就是摸透對方心意、控制對方的思路變化，從而使對方有種心心相印、興趣相投的感覺，接著便可靈活多變地採用遊說之法，使自己進退自如。

事有內揵，素結本始

君臣上下之事，有遠而親，近而疏，就之不用，去之反求。①日進前而不御②，遙聞聲而相思。事皆有內揵③，素結本始。或結以道德，或結以黨友，或結以財貨，或結以采色。

【註釋】

①就：靠近。求：徵召。②御：用，指君主信用。③內揵：內心聯結。

【譯文】

君臣上下之間的關係非常微妙，有的大臣與君主的距離很遠，但關係反而密切；有的大臣與君主離得很近，反而被君主疏遠。有的投奔而來，反而不被任用；有的離開，反而被君主詔求。有的天天在君主跟前活動，反而得不到信任；有的只是遙聞其名，君主就朝思暮想，要得到他。這些都是因為君臣之間內心相知的程度不同導致的，源於君臣平時的結交。有的以道德交結，有的以黨友交結，有的以財物交結，有的以美色交結。

【智慧全解】

鬼谷子在此對古代君臣上下的關係進行了詳盡的描述，指出關係遠近的緣由。當今社會，雖然沒有了君臣關係，但是他所說的道理依然有借鑑意義。因為我們都生活在人與人的關係之中，只要有社會存

在，就有上下、賓主、長幼關係存在，我們必須學會處理這些關係。

在日常生活中，我們要面對鄰里、長幼關係，出於利益的考慮，我們就要明白跟哪家走得近一些，跟哪家走得遠一些。在工作中，我們要面對上下級關係，出於利益的考慮，我們就要學會處理與上級的關係，與平級的關係，以及與下級的關係。在朋友圈子裡，大家雖然沒有高低之分，但依然會有利益的考量，無論是出於何種利益，我們都會跟這個朋友親密一些，而跟那個朋友關係相對疏遠一些，把這個人視為知己，把那個人視為酒肉朋友。在虛擬的網絡世界裡，似乎不再存在利益關係，其實不然，網絡關係中也有利害關係，這個利害關係就是對你是不是有所幫助，與這個人聊得多一些，是因為這個人入你心，能給你帶來快樂，這也是一個利益；和那個人很少聊或根本不願聊，是因為那個人不合自己的心意。

當然，我們所考慮的利益範疇很廣，包括名譽、權勢、情感、功業、金錢等。不管我們置身於哪種關係之中，出於人之本能，一定會先維護、求取自己的利益，要做到這一點，我們必須學好鬼谷子的「事有內揵，素結本始」的人際關係學說。

【閱讀延伸】

屈原的祖先屈瑕，是楚武王的兒子，按理說，屈原跟楚懷王還有些血緣關係呢，他們應該很親近才對。最初的時候，楚懷王的確很信任屈原，任他為左徒，是一個比相國略低一等的官職，讓屈原「入則與王圖議國事，以出號令；出則接遇賓客，應對諸侯」。

然而，楚懷王是一個耳朵根子很軟的人，偏聽偏信，上官大夫看到屈原受到重用，便心生嫉妒，向楚懷王進讒言：「大王讓屈原制定政令，每當新政令頒布施行，屈原就在眾大夫面前誇耀自己的功勞，以為『非我莫能為也』，他這是完全不把大王放在眼中啊。」

　　此人一說，楚懷王不進行調查驗證，就一概全信了，從此開始疏遠屈原，慢慢地，再也不跟他一起商議國家大事了。

　　後來，秦王看到楚國與齊國交好，非常擔憂危害到自己的利益，便派張儀前往楚國離間齊楚關係。

　　張儀到達楚國後，楚懷王就做出非常禮賢下士的姿態，厚待張儀。於是，張儀就欺騙楚懷王說：「只要楚國與齊國絕交，秦王願意獻出商於之地六百里給楚國。」楚懷王相信了張儀的話，當場答應與齊國斷交，大臣陳軫冒死勸諫也無濟於事。後來，楚懷王知道上了張儀的當，要起兵攻秦，結果兵敗受辱。

　　屈原侍奉楚懷王多年，又是其同族，關係可謂親密，然而卻因為一句讒言，竟然遭到疏遠，後至流放，連一句辯白的機會都沒有。而張儀來自他國，跟楚懷王完全是陌生人，卻因為一句話而取得了楚懷王的信任，即使有陳軫勸阻，也沒能削減楚懷王對他的親熱之情。二者的差別可真是大啊，這是為什麼呢？用我們現代人的眼光來看，是因為楚懷王昏庸，不辨忠奸，才導致屈原被疏遠，張儀被親近。除此之外，楚懷王性格上的原因則是關鍵因素，張儀看清了楚懷王是一個貪婪自大之人，才對症下藥，取得了他的信任。而屈原正是因為沒有看清楚懷王性格上的這些缺點，始終堅守自己的剛直忠誠，才導致最終被疏遠。

善用其意，莫之能止

用其意^①，欲入則入，欲出則出；欲親則親，欲疏則疏；欲就則就，欲去則去；欲求則求，欲思則思。若蚨（fú）母^②之從子也，出無間，入無朕，獨往獨來，莫之能止。

【註釋】

①用其意：指迎合君主的心意。②蚨母：即青蚨。據《搜神記》記載，古代巫術以為青蚨之母與子的血可以相互吸引，用母血和子血分別塗在銅錢上，這兩銅錢也可以互相吸引。

【譯文】

只要摸準了君主的心意，並善於迎合其意，那麼你就能想入政就入政，想出世就出世；想讓君主親近就能被親近，想讓他疏遠就能被疏遠；想來投奔就來投奔，想離去就能離去；想得到君主徵召就得到徵召，想讓君主思念就能被他思念。就如同青蚨母子相隨而不分離一樣，出入都沒有縫隙行跡，自由自在地行動，誰也沒法阻擋。

【智慧全解】

鬼谷子在此強調抓住對方心理在說服過程中的重要意義。說服他人，不在於你的知識有多淵博，也不在於你的辭藻有多華麗，而在於你是否能看透對方的心，並在此基礎上巧妙地表達自己的觀點。

一首歌的歌詞中有這樣的一句話：「最難解的是心門。」是的，人的心理是非常微妙的，最難以把握，即使同樣的一句話，也會因為對方的情緒變化而得到不同的理解。因此，只有讀懂對方的內心，才能控制其情緒的變化，才能「出無間，入無朕，獨往獨來，莫之能止」。

人心雖然最難猜測，但是在某些場合，人內心的東西往往會通過某種方式表現出來。因此，要看透對方的內心，就要善於觀察他的一舉一動，一顰一笑，並能夠據此加以分析和推測，這樣一來基本上就可以掌握對方的心理和情感了。比方說，當你在說話的時候，對方發出唏噓之聲，這說明他不太喜歡你所談的話題；如果對方兩眼注視，說明他對你所談論的內容非常感興趣；如果對方一邊聽，一邊東張西望，根本沒把注意力放在你的談話上，說明他內心很可能很著急，只是出於面子不願離開……當然，現實生活中有很多人很善於控制自己的情緒，不讓它隨意外露，不過，只要你仔細觀察，還是會察覺到一些蛛絲馬跡的。

人際交往是一門大學問，人與人溝通並不是一件容易的事情。如何抓住對方的心理，是與人溝通能否順利進行的關鍵。人的心理微妙至極，變化萬千，它不僅跟人的性格、身分有關，還跟人的工作、身體等狀況密切相關。這就要求溝通者要全面地了解對方，敏銳地捕捉對方心理的變化，適時地說出與對方當時的狀態相符合的話題。抓住對方心理與人溝通，可以從以下幾點著手：

第一，溝通者可以根據對方不同的性格特點來打開其心門。一般

情況下，性格內向的人不僅自己說話講究方式，而且希望別人說話也講究分寸、禮貌。所以，我們在與這類人說話時，必須注意說話的方式，儘可能地表現出對他的尊重。如果對方性格直率開朗，那麼就沒有必要拘泥於說話的方式了，最好是開門見山，直奔主題。對那些自以為是、剛愎自用的人說話，就不適合用循循善誘的辦法，而要用激將法。與愛好誇大的人溝通，就不能用表裡如一的話讓其接受，而可以用誘兵之計。與脾氣急躁的人溝通，就不能喋喋不休、長篇大論，而要簡明扼要，直截了當。與性格沉默的人溝通，要多使用挑逗性的語言誘其開口，否則你就無法了解到對方的真情。與頭腦頑固的人溝通，不能對他使用硬攻之策，否則容易造成僵局，要看準對方最感興趣的話題去引導，慢慢進行轉化。總而言之，與不同的人溝通，要採取不同的說話方式，以求在心理上靠近對方。

第二，溝通者可以通過對方的身分來了解其心理。對不同身分的人，要選取不同的話題，也就是要選擇與對方的身分、職業相近的話題去談，否則就很難找到共同語言，沒有共同語言，自然無法實現良好的溝通。比如，如果對方是從農村出來的，就不能談論工資福利，如果對方是城市人，就不要去談論收成。

第三，我們要學會讀懂對方的身體語言。我們都知道，身體語言有時候比口頭語言表達的信息更多。我們可以從對方的目光、表情、肢體，以及彼此之間的空間距離上，去感知對方的心理狀態。

了解到對方的喜怒哀樂，溝通者就可以有的放矢地調整自己的說話內容和方式，以實現彼此愉快地交談。不過，在理解對方身體語言

的時候，我們要注意，同樣的身體語言出現在不同性格的人身上，在不同的場合，其意義是不同的。

【閱讀延伸】

漢文帝時，有一位大臣名叫魏尚，官任雲中太守。此人為官清正，辦事公正，是一個不可多難的好官。

當時，雲中地區經常受到匈奴的侵擾，魏尚便發動軍民，積極備戰。

有一次，匈奴又來騷擾，魏尚立即組織眾人抵抗，可是在打退匈奴之後，由於清點者一時疏忽，魏尚在上報斬殺匈奴士兵首級數量時，多報了六個，這一下可惹了禍。平時與魏尚有矛盾的官員好像一下子抓到了他的把柄，趁機向漢文帝打小報告。漢文帝認為魏尚冒功欺君，不僅罷了他的官，還命有關部門繼續徹查此事，深究治罪。

朝廷中的正義之士紛紛為魏尚感到不平，於是向漢文帝求情，可是漢文帝心意已決，誰的話也聽不進去，斥責那些求情之人道：「今天他多報六個，明天他就會多報百個，此人欺君之心昭然若揭，你們莫要再為他進言，否則就視為同黨一併治罪。」此言一出，朝臣們知道魏尚無救了，只得無奈地退下。

郎署長馮唐也很同情魏尚的遭遇，知道他是無意之失，不過與其他進言者不同的是，馮唐沒有直接去向漢文帝求情，而是經常以公事求見漢文帝，故意和漢文帝攀談。有人不明白馮唐的用意，問他：「你經常求見皇上，卻對魏尚的事一言不發，這也太不仗義了吧，不

論結果如何，你也該說上幾句吧！」馮唐長嘆一聲，說：「我這樣做，正是為了魏尚的事啊！皇上已經認定魏尚有罪，如果直接與皇上爭辯，只會讓皇上更加生氣，就算再好的道理、再漂亮的言辭，他也聽不進去啊，我只是想找一個最佳時機，借皇上的口說出我要說的話，這才能讓皇上回心轉意，收回成命。」

有一天，馮唐又去求見漢文帝，漢文帝隨口問道：「你老家是哪裡啊？」馮唐答道：「臣是趙國人。」漢文帝說：「過去趙國大將李齊英勇善戰，讓敵人聞風喪膽，真是了不起啊。」馮唐搖了搖頭，說：「李齊雖然勇猛不凡，但他還是比不上廉頗和李牧的威名。」漢文帝聽後，也嘆息一聲說：「是啊，朕實在為匈奴的事情擔憂啊，現在要是能有像廉頗、李牧這樣的將軍，朕也就不那麼煩惱了。」

聽到這裡，馮唐心裡有了計策，說：「廉頗、李牧之將未必沒有，只怕陛下縱是得到，也不一定重用他們啊。」漢文帝一聽，大吃一驚。馮唐看漢文帝面有好奇之色，便接著說：「古時候，帝王派將領出征，沒有不信任他們的。古時的帝王之所以這樣做，是因為他們知道，軍隊中不能沒有將領的權威，否則就不能取得勝利。李牧在趙國為將時，所在地的租稅都歸他一人所有，趙王絲毫不怪罪於他，所以李牧的才能才得以盡情施展，趙國也因此強大。」

漢文帝認真地聆聽著，馮唐見了，又鼓起勇氣繼續說：「說到李牧，臣不能不提魏尚。大家都知道魏尚是一個君子，他做雲中太守，所收租稅全部用來供養士卒，他自己分毫不取。有他在，士卒都很賣力，匈奴聞之膽怯。如今陛下只因六個首級的失誤，就奪了他的職，

要治他的罪，所以我才會說，縱是廉頗、李牧再生，陛下也未必肯用啊。」

漢文帝聽到這裡，終於明白了馮唐的本意，他笑了笑，便傳令下去，說不再追究此事，並讓魏尚官復原職。

馮唐之所以能勸告漢文帝取消對魏尚的處置，正是因為他抓住了漢文帝的內心實情。馮唐多次去跟漢文帝攀談國事，正是想從漢文帝的言行中找到對魏尚之事有幫助的痕跡，功夫不負有心人，還真的被他找到了，仔細揣摩對方的心意，「善用其意，莫之能止」，可見，善於從對方的言談舉止中窺探到其心意，是成功說服的關鍵。

以變求內，若管取捷

　　內者，進說辭也；捷者，捷所謀①也。欲說者，務隱度②；計事者，務循順。陰慮可否，明言得失，以御其志③。方來應時，以合其謀。④詳思來捷，往應時當也。

　　夫內有不合者，不可施行也。乃揣切時宜，從便所為⑤，以求其變。以變求內者，若管取捷。

【註釋】

　　①捷所謀：如何用計謀來打通阻塞。②隱度：暗中揣度。度：審度。③御其志：指迎合君主的心意。④方來應時，以合其謀：指進言時，一定要順應時宜，以合乎君主的心意。⑤從便所為：從所為之便，從有利於實施的方便出發。其：此指進獻的決策。

【譯文】

　　所謂「內」，就是向君主進獻言辭，以此來結交君主；所謂「捷」，就是向君主進獻計謀，以此來打通阻塞，得到君主的信任。想要遊說君主時，必須暗中知道君主的真實想法和意圖；想要向君主進獻計謀時，必須順著君主的意願。我方暗中考慮是否可行之後，再公開言明此決策的優劣得失，以此來迎合君主的意願。進獻計謀要選準時機，對方一旦有回應，就進獻合乎君主的謀慮。先經過詳細而周密的計謀，然後去回應君主，那麼，就沒有不恰當的。

假如我方的言辭或計謀不合君主的意願，就不能付諸實踐。這個時候就要重新揣摩時機是不是適宜，從有利於實施的便捷出發，來改變決策。如此以靈活變通的方式來結交君主，那麼達到目的就如同用鑰匙開鎖一樣，化被動為主動。

【智慧全解】

在遊說他人的過程中，鬼谷子強調，當一方做出與另一方相關的決策的時候，不僅要考慮到己方的情況，還要考慮對方的情況，也就是說要站在對方的立場上思考問題。這是成功遊說的關鍵，更是處理人際關係的一種思考方式。

人與人的想法與生活方式都是不同的，在很多時候，當我們無法通過常規的方式與對方達成一致時，我們可以換一種方式，嘗試著站在他的立場上去考慮這個問題。這樣做，就可以深入到對方的內心，體會他的所思所想，彼此便能夠快速達成共識。說服他人去做某件事，其實並不難，只要牽住對方的「鼻子」，往往一句話就能打動對方。當對方意識到做某件事對自己也有好處時，他就會主動地去做了。站在對方的角度衡量得失，既可以減少彼此之間的誤會，又能達成我們的目的，何樂而不為呢？

假如對方仍不為所動，心存疑慮，那你就可以曉之以利害，讓他明白不做此事的危害。這樣一來就可以打消他的顧慮。

嘗試著站在對方的角度考慮問題，你會發現，你就成了別人肚子裡的蛔蟲，能夠知道他的所思所想、所喜所忌，你就能夠在溝通中占

據主動權，或者伸出理解的援手，或者防範對方的惡招。其實，站在對方的角度考慮問題，並不是什麼深不可測的道理，最關鍵的是你要真正了解對方的信息和關注點，真正了解他的需求。一旦知道了這些，我們就可以知道對方會出什麼招數，這樣我們就能夠從容應對，勝券在握了。

日常生活中，有很多人不知道運用這條規則，無論做什麼事總是站在自己的立場上去看待，所有的考量、計策都從自己的角度出發，這樣就會引起別人的反感，導致溝通的不暢，從而導致人生的失敗。這種人不知道，不懂得站在對方的立場考慮問題，他們將會喪失很多可以成功的機會。所以我們一定要向鬼谷子學習，學會站在對方的角度考慮問題。

【閱讀延伸】

戰國時期，燕國與齊國相鄰，當時燕國比較弱小，而齊國相對強大，於是齊國大舉進攻燕國，燕軍無力招架，一擊即潰，幾乎全軍覆沒，燕王噲和子之都被殺害。

後來，燕昭王即位，想攻打齊國，以報亡國之恨。歷經覆國之戰的燕國哪裡是齊國的對手呢？蘇秦趕緊獻計阻止昭王：「在齊宣王的領導下，齊國實力已經大大增強，如今又與宋、楚等國保持著密切的盟友關係，與秦國交戰多次而不落下風。此時進攻齊國顯然對我們非常不利，萬萬不可硬戰。」

燕昭王哪裡會不知道眼前的形勢呢，他只是報仇心切才出此下

策。他長嘆一聲說：「亡國之恨哪能不報呢，只是除了進攻與以死相拚，哪裡還有別的妙計？」

蘇秦獻計說：「秦國一直與宋國交好，如果齊伐宋就會與秦國絕交，到那時我們就可以趁機發動進攻，一舉滅齊。大王，我請求去齊國遊說齊宣王進攻宋國。」

於是燕昭王拜蘇秦為上卿，出使齊國。

蘇秦來到齊國後，向齊宣王獻上五十輛戰車。齊宣王非常高興。心裡一高興，便與蘇秦談起了秦國邀宋國一起稱帝、共商伐趙的相關事情，詢問蘇秦有什麼看法。

蘇秦沒有直接表態，而是反問齊宣王道：「齊國與秦國一起稱帝，天下人是尊齊還是尊秦呢？」

齊宣王沉思一會兒，說：「我知道齊國實力弱於秦國，如果並立為帝，天下人當然是尊秦了。」

蘇秦又問：「齊國放棄帝號，天下人是愛齊還是愛秦？」

齊宣王脫口而出：「當然是愛齊了。」

「現在請大王您再仔細想一下，齊秦兩帝並立，一起討伐趙國，與齊軍單獨攻打宋國，哪一個對齊國更有利呢？」蘇秦順勢追問道。

「哦，」齊宣王眼珠轉了幾轉，才回答說，「如果齊秦共約伐趙，戰果肯定是秦多我少，還真的不如我自己來進攻宋國。」

蘇秦繼續勸說道：「如果我們同秦一起稱帝，天下人只尊秦國；一起伐趙，只是秦國的一個策略，它是先把其餘的小國剷除，等實力壯大後再與強國較量。秦國的一切主張都只考慮了秦國自己的利益，而完全沒有考慮到齊國的利益，所以我建議別去理會秦王，我們眼下最要緊的就是發展自己的實力，這樣齊國才能更安全、更強大。」

齊宣王聽了這一席話，感覺頗有道理，就追問蘇秦，齊國該如何來發展自己。蘇秦馬上慫恿齊宣王去攻打宋國：「宋國國君荒淫無度，天下共憤，如果我們揮師擊宋，正是奉天討罪的壯舉，大王賢名必然名震諸侯，而且可以得到實際的利益，使齊雄踞東方，成為中原諸侯之長。」

齊宣王聽從了蘇秦的建議，很快舉兵進攻宋國。齊國雖然在戰場上取得了很多勝利，但是在攻宋的過程中，自己的實力也大大地削弱了，在外交上又與秦國交惡，它已然走在了通向深淵的道路上。而這只是燕國破壞齊國計策中的一部分。

宋國處於大國夾縫中，自然牽動各方利益。蘇秦的任務是讓齊國同韓、趙、魏的關係交惡，如能再與秦國繼續惡化就更好不過了。蘇秦對齊宣王所說的每一句話聽上去好像完全是為齊國考慮，其實，卻是為燕國爭取利益。他的遊說之所以能夠成功，正是因為他當時是以齊國的利益為著眼點的，完全站在齊國的立場上去分析問題，讓齊宣王認為進攻宋國，與秦國交惡，對齊國是百利而無一害的。齊宣王當然會聽從他的計謀，從而做出了錯誤的決策還一無所知。

事有不合，不與為謀

　　言往者，先順辭也；說來者，以變言也。①善變者，審知地勢，乃通於天，以化四時；使鬼神，合於陰陽，而牧人民。見其謀事，知其志意。事有不合者，有所未知也。合而不結者，陽親而陰疏。②事有不合者，聖人不為謀也。

【註釋】

　　①言往者：講歷史。說來者：討論未來。②結：兩心相結。此指認可、執行我們的決策。陽：此指表面。陰：此指內心。

【譯文】

　　與君主談論過去已發生的事件，要用「順辭」，也就是順從君主心思的說辭；與君主談論未來還沒發生的事件時，要用「變言」，也就是有變通餘地的說辭。能自如地改變決策的人，必須做到審知地理形勢，精通天文四時的變化，這樣就能做到役使鬼神，契合陰陽變化規律，從而駕馭天下百姓。在觀察君主謀劃大事時，就能從中洞悉他的真實想法和意圖。我們的決策有時不合君主之意，是因為我們對君主的某種心意、某些情況掌握得不夠。如果對君主之意知之甚少，就算我們主動迎合他，也無法得到君主發自內心的信任，與君王的關係表面上看起來親密，暗地裡卻相當疏遠。君主對不合自己心意的事情，是不會謀劃的。

【智慧全解】

古人云：「伴君如伴虎。」這話一點不假，與君主相處，實在是一件相當危險的事情，稍有不慎，就可能惹來殺身之禍。自古以來，朝廷中的將相大臣，或因諫言不合帝王口味，或某些舉動給帝王留下了不好的印象，從而遭到殺害甚至誅滅九族的事情不勝枚舉。正如鬼谷子所說：「事有不合，不與為謀。」高高在上的君主對不合自己心意的計謀是不會採納的，你總是進獻這樣的計謀，君主當然會不高興了。

鬼谷子同時也給我們提供了一個不錯的辦法，那就是在向居上位者進言之前，要先搞清楚他的想法，然後再運用靈活多變的言辭，順著他的心意去進言。如此一來，既能避免惹惱上位者，使自己遭到禍害，又能讓居位者愉快地接受你的觀點。

鬼谷子的這一觀點在工作中與上級相處時非常適用。你可以讓上級看到你的成績，但千萬不可居功自傲。有了好的建議或想法，你可以主動提出來，但是在跟上級提的時候，千萬不可一直站在「我」的角度洋洋自得地去陳述事情和觀點，而要站在「我們」的角度，謙虛謹慎地去陳述。否則，上級就會不由自主地提高對你的警惕，感覺你是在威脅他，從而在心理上排斥你，這樣一來，就算你的觀點再好，建議再妙，上級也不會採納。有些時候，就算你的「威脅」一時得逞，但你在上級心中已經留下一個壞印象了。

要想讓自己的說服更成功，要想自己在人際交往中更自如，我們就要學著收斂，讓自己謙遜一點，真誠一點。「審知地勢，乃通於

天，以化四時」「知其志意」，才能讓其「與之為謀」。春秋時期，荀息就曾以雜耍吸引晉靈公的注意力，然後通過疊雞蛋的演示形象地向晉靈公說明了國家面臨的局面，既使不聽諫言的晉靈公避免了尷尬和難堪，又使其停止了建設九層瓊台的工程。

由此可見，向上級提建議時，就算是完全出於好意，也要講求進言的方式和方法，重要的一點就是要知其意志，順著他的心意去說服、進言。這樣你的觀點才能被上級接受。

【閱讀延伸】

東漢時期，曹操旗下有一個謀士，名叫楊修，此人才思敏捷，靈巧機智，在曹操手下當主簿，典領文書，辦理事務。不過此人有一大缺點，那就是恃才放曠，說話無所顧忌，後因屢屢觸犯曹操之忌，而招來了殺身之禍。

有一次，曹操想建造花園，在動工前審閱設計圖紙時，隨手在園門上寫了一個「活」字。曹操本來只是想逗弄一下工匠們。這事偏偏被楊修看到了，於是他就自作聰明地揭開了謎底，而且還四處張揚：「丞相是嫌這個園門設計得太大了。」因此，曹操就變得不喜歡楊修這個聰明之士。

還有一次，曹操在塞北送來的一個奶酪盒上豎著寫了「一合酥」三個字，楊修拿到後，不由分說就把曹操的「一合酥」給大臣們分著吃了，還一臉淡定地說：「丞相在盒子上寫著『一人一口酥』，我們可不能違抗丞相的命令啊！」此時曹操的心頭已經開始厭惡這個楊修

了，雖然他表面上堆滿了笑。

　　曹操向來是個多疑而謹慎的人，為了防範有人行刺，他曾裝作夢中殺人，忍痛把身邊的近侍殺掉了，表面上還假裝痛哭，費力厚葬近侍。但曹操沒有想到的是，楊修卻一針見血地指出了曹操的真實意圖。

　　後來，曹操平漢中時，連吃敗仗，很想進兵，又擔心馬超拒守；想收兵，又怕被蜀兵恥笑，心中真是糾結萬分、猶豫不定。這時庖官給他端了一碗雞湯，他隨口說了一句「雞肋」，士兵們都不知道是什麼意思，只有楊修開始收拾行李，並對別人說：「主公今進不能勝，退恐人笑，留在這裡沒有一點好處，還不如早點回去呢！」

　　接二連三的事情，早已惹火了曹操，他恨透了楊修恃才放曠，而且干預立嗣，問以軍國之事，現在看到楊修又一次猜透了自己的心事，便惱羞成怒，命人以擾亂軍心的名義把楊修殺了。

　　從楊修之死這個典故可以看出，在向上級進言的時候，一定要注意說話的方式方法，千萬不要像楊修那樣自以為是、恃才傲物，到最後聰明反被聰明誤，令自己身首異處。

必得其情，乃制其術

　　故遠而親者，有陰德①也；近而疏者，志不合也；就而不用者，策不得也；去而反求者，事中來也；日進前而不御者，施②不合也；遙聞聲而相思者，合於謀③待決事也。故曰：不見其類而為之者見逆，不得其情而說之者見非。④得其情，乃制其術⑤。此用⑥可出可入，可捷可開。

【註釋】

　　①陰德：德，同「得」，得君心，指暗中相得，即心意相合。②施：措施，此指解決問題的決策。③合於謀：計謀相合。④見逆：被排斥。見非：被否定，被詰難。⑤術：方法，手段。⑥此用：即「用此」，指用上述方法。

【譯文】

　　所以，那些與君主相距很遠反而被親近的人，是因為他們能夠與君主的心意暗合；那些與君主相距很近反而被疏遠的人，是因為他們與君主志趣不合。主動親近反而不被君主任用的，是因為他們的預測和策略不合君心；離開反而被君主下令召回的，是因為他們預測的事情被後來的事實證明是可行的、合乎君主之意的。天天在君主面前活動而不被信任的，是因為他們的計謀、規劃不合乎君主之意；被君主遠遠聽到名聲就思慕其歸來的，是因為其計謀與君主暗合，君主正等著他前來決斷大事。所以說，假如沒有找到雙方的共通之處就倉促行

事，必然會遭到排斥；得不到對方的實情就進行遊說，必然不能實現目的。只有得到對方的實情，才能制訂出有針對性的措施。把此法用於實踐之中，就可以自由自在地出入朝廷，輕易地與君主的內心相交，而使君主敞開心扉。

【智慧全解】

鬼谷子在此再次強調，我們在向對方進言獻計或是遊說對方的時候，必須小心謹慎，「必得其情，乃制其術」，只有了解了對方的真情實意，探知出對方的性情之後再順其心願，用靈活多變的言辭去述說自己的觀點，才能達到我方的目的。不管對方是智者還是庸者，我們都要慎重對待，切不可因為對方是智者，就傾力而為，對方是庸者，就袖手旁觀，任其發展。諸葛亮就是一個謹慎的人，他的一生遇到過許許多多的對手，可是不管對方是魯莽匹夫，還是奸詐狡猾之人，或是老謀深算之人，他用計的時候都是千般小心，萬般謹慎，這也是他之所以能成就那樣功業和美名的主要原因。

鬼谷子認為，我們在了解對方實情的時候，除了要靈活地運用捭闔術、反應術外，還需要像前面講的那樣，知曉人與人之間關係轉化的根本原因。只有了解了對方，我們才可以根據對方的特點和實際情況，制訂出合乎時宜的計謀，然後依計行事，這樣就不會有什麼失誤了。正如鬼谷子所說的「此用可出可入，可揵可開」。

【閱讀延伸】

西漢時期，有一個名為田生的齊國人因為得了營陵侯劉澤的知遇

之恩，一直想要報答，只是苦於沒有機會。後來，呂后專政，田生欲幫助劉澤成為諸侯，於是便來到都城長安，租了一座豪宅。經過一番打探，田生了解到一個情況：當時呂后非常寵愛一個名叫張子卿的謁者，此人說白了就是呂后的一個男寵。像這樣的弄臣，雖然得到了主人的百般寵愛，但是主人只要有了怒火，就會拿他撒氣；而且其主人一旦失勢或是死了，這種人也會隨之失勢，甚至會有殺身之禍，唯一的辦法就是再找別的人作為靠山。田生了解了張子卿的這種處境後，計上心來，馬上著手實施。

他首先讓自己的兒子取得張子卿的信任，然後讓兒子邀請張子卿來家裡做客。

田生故意擺上了列侯的宴席規格來招待張子卿，張子卿見了，大吃一驚。這正是田生所要的效果，他就是要讓張子卿以為自己雖然沒有列侯之名，但在別人眼中已經貴如列侯了。

酒席間一片和諧，觥籌交錯，主賓推杯換盞，其樂融融。等到大家都略有醉意後，田生便屏退僕人，對張子卿說：「臣曾在很多諸侯王府邸做過客，他們之所以有這樣的地位，完全是因為他們是高帝時候的有功之臣。現在呂后接替高帝治理朝政，呂氏一族的身分也因為太后的關係而變得尊貴起來。可是現如今呂后的年紀也漸漸地大了，而呂氏一族的權位依然很微弱。太后本想立呂產為王，可是她自己提出來又感到為難尷尬，擔心大臣們反對。畢竟高帝曾立下誓言，『非劉氏而王者，天下共擊之。』卿現在是太后跟前的紅人，很得呂后恩寵，君臣也敬畏萬分，卿為何不私下委婉地提示一下大臣們，讓群臣

主動請太后立呂產為王呢？這樣，太后一定高興萬分，對卿會更加恩寵。呂氏一族有人得以封王，卿也一定會因功而得封萬戶侯。卿為太后近侍之臣，如果不趕快去做，恐怕很快就會災難臨頭了。」

張子卿聞之，覺得田生所說很有道理，心想：如果按照田生所說的去做，就算是呂后死了，自己有恩於呂氏族人，也能有所依靠了，再說了，自己很可能得到萬戶侯的爵位啊。這樣一想，張子卿很快就按田生所說的去做了，呂產在大臣的要求下被封為呂王，呂后很高興，果然賞賜給張子卿千斤「黃金」，張子卿拿出部分賞賜去酬謝田生，田生謝絕了他的好意，說：「呂產被封了王，很多大臣心裡是很不服氣的，比如營陵侯劉澤就是其中最不滿的一個。此人宗室出身，又身為大將軍，連個王也不是，怎麼會服氣呢？他因不滿而滯留於京城，對呂氏就是一個威脅。如果卿去建議太后，劃出十幾個縣給劉澤，封他為王，劉澤一定滿心歡喜地離開京城到自己的封地去。這樣一來，呂氏的地位豈不是更加鞏固了？」

從前面田生所建議的那件事上，張子卿得到了不少的好處，所以此時對田生的話深信不疑，回去後馬上就按照田生所教的跟呂后說了，呂后果然封劉澤為燕王。至此，田生的報恩之計成功實施，劉澤成了一方諸侯。

田生的計劃之所以能夠成功，正是因為他「得其情」而後「制其術」，使其所說的每一個計劃都「合其謀」，所以他的目的才能得以順利達成。

合者用內，去者用外

　　故聖人立事，以此先知而捷萬物。[1]由夫道德、仁義、禮樂、忠信、計謀，先取《詩》《書》，混說損益，議論去就。[2]欲合者用內，欲去者用外，外內者必明道數[3]。揣策來事，見疑決之。策而無失計，立功建德。

【註釋】

　　[1]立事：處理事務，謀事。先知：先了解情況、掌握信息。[2]由：遵循，通過。混說：夾雜進自己的說法。議論：談論時局。去就：決定離開還是留下。[3]外內：不苟合不取寵。道數：道術的規律。

【譯文】

　　所以，聖人之所以能成就大事，就在於他們知悉客觀情況，預先知道是否可行，所以才能駕馭萬物。在進行遊說的時候，要順應道德、仁義、禮樂、忠信、計謀的種種規範，從《詩經》《尚書》中徵引論證，在此基礎上夾雜進自己的言辭，或增或減，來議論時局，決定自己是離開還是留下。如果想留下輔助君主，就要知曉君主內心的意圖以贏得君主的信任；如果想離去，就不用去迎合君心了。不管是用內還是用外，都必須符合與君主相處的規律。對遇到的疑難事件，首先要揣測清楚，然後再製訂計謀解決它。任何計謀都不失策，就能建功立業。

【智慧全解】

鬼谷子在此強調的依然是遊說要順著對方的心意，從對方的內心去攻破其防線，以靈活多變的言辭去引起對方內心的共鳴。這是遊說的至高境界，達到這種境界的人，才有可能完成看似不可能完成的任務，達到不戰而屈人之兵的遊說效果。

所以，我們在遊說他人之前，必須先了解對方的內心需求，通過滿足對方的這種需求，來令對方心服口服。換句話說，就是說服對方前，要先攻破對方的心，讓對方從內心對自己或佩服，或感激，對方心服了，就能夠聽進去我們後面的遊說之辭了。

古人云：「人之初，性本善。」每個人都是心存善念的，只是有些人的善念因為某些事情而被壓抑住了。這個時候，我們就要用自己的善行去喚醒它。對於那些看上去好像冥頑不化的人，我們也要以誠相待，讓他們從內心認同我們，進而受到感化，使自己的良知甦醒。正如《孫子兵法》中所說的：「不戰而屈人之兵，善之善者也。」我們可以進一步引申為，能讓失足之人主動去棄惡從善，那是最好的。

看過《悲慘世界》的人，都不會忘記其中的這個情節：主人公冉阿讓半夜偷走了米禮愛主教家的一隻銀燭台，不料半途被警察抓到。在對質時，主教卻說是自己贈送給他的。當冉阿讓跪著求主教原諒他的惡行的時候，主教卻只要他宣誓將靈魂交付上帝，自此重新做人，並將另一隻燭台也送給了他，這樣的情形讓冉阿讓感受到了愛的力量，從此棄惡從善，經過努力，成了市長和工廠主。他捐助慈善事業，甚至為救人於危難而捨棄了名利。

從冉阿讓的改變上看，主教的功勞是很大的，主教的行為徹底打動了冉阿讓的內心，喚醒了他內心的良知，使他從此徹底改頭換面，重新做人，從一個危害社會的罪犯轉變成了造福社會的君子！

俗話說：將心比心，各憑良心。心靈感化的力量比嚴酷的刑罰更為強大。如果多一個人懂得這個道理並付諸行動，人世間的紛爭就會少一點，世界就會變得更美好。

總之，我們在說服他人時，一定要抓住對方的心理，並利用這種心理大做文章，讓自己所說的每一句話、自己所做的每一個動作都與對方的心理相符合，並讓對方明白，我們所做的一切，對他都是有利的。這樣，我們就可以引導對方被我們所感動，並接受我們的建議。「合者用內」的攻心之術，是一種行之有效的說服方法，它比講道理、威逼利誘更能贏得人心，更容易被對方接受。

【閱讀延伸】

戰國時期，趙惠文王駕崩，由年幼的孝成王即位，而由他的母親趙太后攝政。秦國便趁趙國國喪未穩之際向趙國發起進攻，趙太后趕緊向齊國求援，齊國卻提出了一個嚴苛的條件，讓長安君入齊做人質，要不然就不出兵。

長安君是孝成王的弟弟，趙太后最小的兒子，深受趙太后寵愛。趙太后堅決地拒絕了齊國的要求，重臣們意圖勸諫也無濟於事，後來，趙太后發下狠話：「誰再提出讓長安君入齊當人質的事，我就將口水吐到他的臉上。」這樣一來，大臣們只得閉口不提了。

一天，左師觸龍前來拜見趙太后，他慢慢地走進來，先對趙太后致歉道：「我的腳有點毛病，行走困難，所以已經很久沒來向您請安了，可是心裡實在擔心太后的身體，於是前來進見……」

「我都是以車代步。」

「那飲食方面呢？」

「都是吃粥。」

「我最近也是食慾不振，所以我每天要固定地散散步，以增加食慾，也可以使身體健康一些。」

「我可不能像你那樣。」

……

經過這一番寒暄問候，趙太后的表情終於有所緩和。

觸龍又說：「我有個小兒子，名叫舒祺，非常不成器，我對他真是感到憂愁。如今我的年紀也大了，想在我有生之年向太后提一個請求，給他一個王宮衛士的差使。這是我一生的心願啊！」

太后滿口應允：「可以，你的小兒子今年多大了？」

「十五歲，可能太年輕了，不過我還是希望在生前將他的事情安排好。」

「哦，看樣子，你也是非常疼愛小兒子啊。」

「是啊，甚至超過了做母親的。」

「不對，母親才是最疼愛小兒子的。」

「哦，是嗎？可是怎麼覺得太后比較疼愛長安君嫁到燕國的姐姐呢？」

「不，不，我最疼愛的是長安君，我的小兒子。」

觸龍說：「父母疼愛孩子，一定會為他考慮到將來的事情。當長安君的姐姐出嫁的時候，你因為不忍而痛哭流涕，後來也經常掛念她的安危而落淚不止，每當有祭拜時，您一定祈求她『不要失寵而回到趙國』，而且祈禱她的兒子都能顯達，繼承王位。」

「嗯，是這樣的。」

「那請您好好想想，從古至今，有哪位封侯的王族能持續三代而不衰敗的？」

「沒有。」

「不止趙國，其他的諸侯呢？」

「也沒有聽說過呢！」

「太后有沒有想過這是為什麼呢？所謂禍害近可及身，遠可殃及子孫。王族的子孫並非全是不肖者，但是他們沒有功績而居高位，沒有功勞而得到眾多的俸祿，其最終結果就是誤了自己。現在您賜給長安君以崇高的地位、肥沃的封地，卻不給他建立功績的機會，您百年之後，長安君的地位能保得住嗎？所以我認為您並沒有考慮到長安君的將來，您所疼愛的是長安君的姐姐。」

趙太后終於被觸龍說得鬆了口：「好吧，一切就按你的意思去做吧！」

觸龍以自己為小兒子舒祺謀事為藉口，把話題引到趙太后的小兒子長安君身上，並曉之以理，動之以情，用迂迴誘導的辦法把話說到趙太后的心坎去，使趙太后從內心認同自己的說法，從而達到說服的目的。

良禽擇木，良臣擇主

治名入產業，曰捷而內合。上暗不治，下亂不寤，捷而反之。[①]內自得而外不留，說而飛之。[②]

【註釋】

①上暗不治，下亂不寤：指君主昏庸不理朝政，臣下作亂而無所覺察。揵而反之：指從內心決定返回來，不再為其服務。②內自得而外不留：自視甚高、自以為賢明而聽不進外人的意見。說而飛之：假而讚揚、稱頌他，博得其歡心和信任，然後再控制他，使其為我所用。飛，褒獎，讚譽。

【譯文】

不僅可以幫助君主處理好君臣之間的職分，又能幫助君主治理百姓，使百姓有固定的產業，這就叫作從內與君主相結交。如果遇到君主昏庸不理朝政，臣下作亂而君主無所察覺，我們就可以考慮返回，不再為其謀利。假如遇到那些自視甚高、自以為是而聽不進他人意見的君主，我們不妨先假意逢迎他，稱頌他，以博取他的歡心，再逐步遊說他。

【智慧全解】

在古代，君主就是國家，對君主忠誠就是愛國，人們奉行「君要

臣死，臣不得不死」的原則。在那樣的年代裡，如果遇到明主，那是臣子的福氣，如果遇到一個愚鈍、昏庸的君主，那臣子就倒了大黴了，很可能被奸人陷害，或者被君主疏離，縱有一身才華也無法得以施展。

所以，鬼谷子認為，「上暗不治，下亂不寤，揵而反之」。鬼谷子的意思簡單地說，就是賢臣要擇主而從。無論在古代還是在當下，任何人要想充分發揮自己的才幹智慧，首先必須要選擇一個「賢明之君」，選擇一個適合自己生存和發展的環境。

俗話說：「良禽擇木而棲，賢臣擇主而事。」如果碰到一個很難伺候的上司，或是單位管理混亂、人浮於事，或者環境不適合自己，這個時候就應該「揵而反之」，換一個環境，這不失為一個明智之舉。因為如果你一上班就心情惡劣，根本無法把精力投入到工作當中，你的潛能和長處就得不到有效發揮，而換到其他地方，說不定你就是一個難得的人才。為什麼要在那樣的環境裡白白浪費光陰呢？

「揵而反之」，去了一個新的環境之中，新的任務就會形成一種壓力，這種壓力不僅能轉化為工作的動力，而且可以逼著你努力提高自身的能力，以適應新崗位的需求，工作業績往往會有較大的改觀。如果能找到一個最有利於發揮自身長處和潛能的工作，豈不是好事一件嗎？

俗話說得好：「人往高處走，水往低處流。」面對危機四伏的環境，最不可取的就是自己不以為然，無奈地或是不作為地選擇固守，這樣只會讓你付出更加昂貴的代價，所以我們要如鬼谷子所說的那

樣，「上暗不治，下亂不寤，揳而反之」，堅決地去找一個「賢主」，找一個適合自己的環境，奔向更有利於自己發展的新天地。

【閱讀延伸】

兩晉時期，戰亂頻仍，民不聊生，為了躲避戰亂，前秦丞相王猛很小的時候就跟隨家人輾轉流離，生活苦不堪言。為了生存，王猛曾販賣過畚箕，還做過許多苦力。儘管生活很苦，但王猛並沒有被烽火硝煙吞噬，沒有被困苦的生活壓垮，而是手不釋卷，廣泛汲取各種知識，尤其是軍事知識，成長為一個有才有志之人。

有一次，後趙的徐統偶然間碰到了王猛，見他氣度不凡、嚴謹莊重、深沉剛毅，便讓王猛做了功曹。然而王猛是一個有著大志向的人，區區功曹根本滿足不了他的雄心壯志，於是他便跑到華陰山隱居，並拜名師，進一步增長自己的才幹，以等待好時機。

西元三五四年，東晉大將桓溫親率大兵進攻前秦，連連取勝，擊敗苻健，直逼長安。關中父老飽受前秦暴政的傷害，得知桓溫到來，便爭先恐後地以牛酒迎勞，男女夾路聚觀。在山林間隱居的王猛得知這個消息後，也是熱血沸騰，他身穿麻布短衣，前來求見桓溫。

到了桓溫大營，王猛一邊旁若無人地捉布衣上的蝨子，一邊與桓溫這位當世的梟雄縱談天下大事。王猛的見識與氣度征服了桓溫。經過一番交談，桓溫喜不自勝，說：「江東沒有一個人能比得上您的才幹！」

桓溫原本準備等麥熟後就在當地籌集軍糧，可是前秦軍實行了堅

壁清野的政策，將麥苗割了個一乾二淨。軍中糧食匱乏，戰士沒有了鬥志，桓溫只得退兵。臨行前，桓溫拜王猛為高官督護，希望王猛能同他一起南歸東晉朝廷。

王猛明白，只有賢明的主子，才能使自己的雄才大略得以施展，但追隨桓溫則等於助其篡晉，勢必玷污清名。而且，東晉政權由謝、庾、王、桓等士族輪流把持，如果受到排擠的話，自己很難有所作為。想到此，王猛便謝絕了桓溫的美意，回到山裡繼續隱居。

桓溫撤退的第二年，前秦主苻健去世，由苻生即位。這個苻生荒淫暴虐，殺戮無道，導致群臣每天心驚膽顫。而前秦宗室中的苻堅則在謀劃著一場政變，想取苻生而代之。苻堅其人，博學強記，文武雙全，是一個不可多得的人才，而且此人懂得「明政無大小，以得人為本」的道理，很早就廣招賢才，網羅英豪，以圖大舉。

有一次，苻堅向尚書呂婆樓請教除去苻生之計，這時，呂婆樓便把王猛推薦給了苻堅。一向愛才的苻堅當即懇請呂婆樓請王猛出山。

王猛與苻堅一見如故，談及興廢大事，句句投機，王猛覺得就像當年諸葛亮遇到劉備似的，便決意留在苻堅身邊。而苻堅對王猛非常賞識，他真實地感覺到了王猛出眾的才華對自己很重要，便重用了王猛。

苻堅遵照王猛的計策，誅滅苻生及其幫兇，改元永興。接著，又進行了一番勵精圖治的改革，十年內便統一了北方，緩和了東晉年間連年戰亂、百姓顛沛流離的混亂局面。

苻堅非常信任王猛，在王猛三十六歲時，接連提升了他五次，王猛一直做到尚書左僕射（相當於宰相）、輔國將軍、司隸校尉（包括京師在內的廣大腹心地區的最高長官）等，可以說是「權傾內外」。

　　俗話說：「亂世出英才。」在東晉年間烽煙四起的亂世之秋，一定湧現出很多才華四溢的人才，為什麼唯獨王猛得以施展了自己的抱負呢？其重要原因就是他善於擇主。起先他也受到了後趙徐統、東晉桓溫的賞識，但他經過一番權衡，發現桓溫並不是自己的明主，便放棄了出山的機會，身隱而心不隱，靜觀時局發展，洞察事態變化。最終，他選擇了苻堅，從而得以在十六國紛爭、南北對峙的歷史舞台上大顯身手，傾其文韜武略，幹出了一番轟轟烈烈的大事業來。

莫知所為，退為大儀

若命自來，己迎而御之①。若欲去之，因危與之。環轉因化②，莫知所為，退為大儀③。

【註釋】

①御之：侍奉君主。②環轉因化：像圓環一樣轉動，順應對方的變化。③儀：法則。

【譯文】

如果君主召令我們，那就接受他侍奉他，然後使其施行我們的意願。如果我們想離開君主，就說自己繼續留在君主身邊會危害到他，如此一來君主自然會放我們離開。去與留就像圓環一樣隨著情況的變化而轉移，讓外人摸不透我們的真實意圖，這就是進用與退居的基本法則。

【智慧全解】

鬼谷子認為，有才華的人只要找到了用武之地，就應該進取，建功立業。不過，世事難料，做任何事情都應該適可而止，「環轉因化」，千萬不可醉心於權力或富貴，不可在功名面前迷失了自我，而要懂得進退之道，要「退為大儀」，以免引起災禍。

鬼谷子的這個觀點與古代很多名士的觀點一致，宋代著名文學家

歐陽修在《漁家傲》中曾這樣說：「定冊功成身退勇，辭榮辱。歸來白首笙歌擁。」歐陽修的意思也是在奉勸人們在事情做好之後，不要貪戀權位名利，而要功成身退，收斂意欲，含藏動力。

常言道：否極泰來，禍福相依。在一定的條件下，事物會向著反面發展轉化，即鬼谷子所說的「環轉因化」，所以不論到什麼時候，我們都應該做到「知足不辱，知止不殆」，並隨時觀察事態的變化，根據具體情況來調整自己的策略。

人與人相處，很多時間都是只可共苦，而無法同甘，無論是古代的君臣相交，還是現代的人際交往。歷史上不是發生過很多「飛鳥盡，良弓藏；狡兔死，走狗烹；敵國破，謀臣亡」的例子嗎？生活中不是有過很多患難夫妻富貴之後勞燕分飛的事實嗎？以古為鑑，以人為鑑，我們都要懂得「退為大儀」的道理，適時進退，以保全自我。

或許有很多人會認為功成身退的思想過於消極，會讓人失去積極的進取之心，產生當一天和尚撞一天鐘的消極混世的念頭。其實不然。我們應該知道，人性的弱點之一就是易產生非分之想。富貴而驕，居功貪位，都是一種過分的表現，如果聽之任之，肯定會給事業、生活帶來不必要的損失，也會斷送個人的前程。

鬼谷子深知這個道理，所以他提出「退為大儀」的退守策略，不失為一種明智的、讓自身遠離禍害的生存之道，它不僅能更徹底、更有效地保住你的既有利益，而且能幫助你獲得更多的人緣，贏得更多的支持。

【閱讀延伸】

漢光武帝劉秀的大兒子劉強是一個聰明穎悟、為人實誠的人，深得劉秀寵愛，很早就被立為太子。劉秀經常教導他治國安邦之道。

當時，朝中的大臣們為了巴結劉強，一直對他稱頌有加，極盡恭維，甚至有人賦詩作表進行奉承。這樣一來，被人捧上雲端的劉強有些飄飄然了，他得意揚揚地對老師郅惲說：「看來我沒什麼缺點了，這一點從大臣們對我的忠誠與擁戴上可以看出來。」郅惲卻搖頭道：「非也，大臣們討好你，只是因為太子是一人之下、萬人之上的太子。可我覺得他們並沒有幾人是出自真心的，他們的話太虛偽，太子千萬莫把這些諂媚之語當真，仍然要努力修習，謹慎從事。」

後來，劉強在讀史書的時候，每每讀到宮廷爭鬥、血腥殺戮的片段，就會發出感慨：「人與人之間就應該相互尊敬，和睦相處，何況是皇家兒女呢？這真是太殘忍了。」郅惲聽後，便趁機開導他說：「權力之爭一直就這麼殘酷無情，歷朝歷代都是這樣。每個人都想得到權力，而且會為此不擇手段，但是擁有權力並不一定是好事啊。」

隨著閱讀量的增加，劉強的見識也逐漸增多，也就越發地對世情有了透徹的了解，他漸漸地成熟起來。劉強的母親郭皇后因為惹怒了劉秀，便被劉秀廢黜了，劉強由此更為深切地體會到了宮廷的嚴酷無情。他向劉秀求了好幾次情，求他饒恕自己的母親，他甚至哭著說：「父皇仁愛天下，為什麼要對母后這般苛刻呢？請看在兒臣的面子上饒了母后吧！」但是劉秀始終不為所動，並因為怨恨郭皇后開始給劉強使臉色。

劉秀對太子越來越嚴厲，並萌生了廢太子的念頭。有一次，劉秀向郅惲詢問劉強的表現，郅惲如實答道：「太子仁孝知禮，勤學謙恭，這都是陛下教導有方啊。」然而他的讚賞之辭沒有得到劉秀的認同，劉秀反而冷哼一聲，說道：「你是太子的老師，當然會為他說話了，可是朕聽到的並不是這樣的。」

郭皇后被廢后，那些大臣們看到劉秀越來越不喜歡太子了，也漸漸地疏遠了太子。還有幾個大臣打算諫議劉秀廢掉太子，另立正受劉秀寵愛的二兒子東海王為太子。

劉強當然意識到了眼前的形勢對自己相當不利，郅惲更是明了眼前的一切，他思慮一番後，有一天，在教太子讀書的時候，問劉強：「太子覺得現在跟過去有什麼不同嗎？」劉強回答道：「母后被廢，我心痛至極，再也找不到快樂了。」

郅惲壓低聲音說：「這並不是我所擔憂的啊！如今太子已不為皇上寵愛，大臣們也如牆頭草一樣疏離了你，他們一定會進讒言陷害於你的。如果這樣下去，太子性命堪憂啊。太子既然知道古代的教訓，就應該早早做出決斷啊。」劉強一聽，頓時大驚，思慮良久後，才喃喃道：「老師說得是啊，只是不知道應該怎樣決斷？」

郅惲見劉強明白過來，就上前一步，以更小的聲音說：「只要你讓出太子之位，皇上就不會為難於你，那些勢利之人也就不會向太子發難了。只是不知道太子是不是同意這個建議。」劉強低頭沉思，過了好大一會兒，才長嘆一聲，說：「事情已經到了這種地步，就是我不肯也不行了。與其骨肉相殘，還不如我主動退出，以保全自身

呢！」於是，劉強主動請求辭去太子之位，劉秀也沒有挽留，把他降為東海王，就這樣，一場眼看就要發生的宮廷血鬥化為無形。

劉強在老師的勸導下，清楚地知道當前的形勢對自己極為不利，於是便放棄了「一人之下，萬人之上」的太子之位，從而保全了自己。試想，如果他留戀權勢，貪慕功名，他會落得什麼下場呢？不是性命不保，也會是遭到軟禁，歷史上不是有很多這樣的故事嗎？在災難眼看要降臨之時，鬼谷子的「退為大儀」之策略不失為一個明哲保身的好方法。

抵巇第四：
見微知著，防微杜漸

　　「抵」，抵塞、彌補；「巇」，縫隙。「抵巇」指彌補不足，堵塞漏洞。鬼谷子認為，世間萬物之運動都有離有合，總有裂隙可尋，見了縫隙，或堵塞以彌補，或從裂隙入手破壞之。抵巇之術告訴人們，當事物出現小的縫隙時要及時進行彌補。小的縫隙，如果任其發展就會成為大的縫隙，那就難以補救了。

近不可見，不察其辭

物有自然，事有合離。有近而不可見，有遠而可知。①近而不可見者，不察其辭也；遠而可知者，反往以驗來②也。

【註釋】

①見：發現，覺察，察知。知：了解。②反往以驗來：反往，考察事物、事件的歷史成因及過程。驗來，用其歷史過程來比證將來的發展，以掌握其規律。反：同「返」。來：未來。

【譯文】

世間的人與事都有其發展規律，有時相合有時背離，就像是萬物自然而生一樣，是不以人的意志為轉移的。有時近在眼前卻看不到，有時遠在天涯卻知曉得很清楚。之所以近在眼前看不到，是因為沒有考察其言辭；之所以遠在天涯卻了解得很清楚，是因為我方能夠返回到歷史，尋求歷史上同類事例的解決辦法，或經驗或教訓，來比證將來。

【智慧全解】

鬼谷子通過分析古代先賢們應對社會危機的方法，來告誡人們，身處順境時要居安思危，在危機剛剛露出苗頭的時候，要把這個苗頭扼殺在萌芽之中，這就是聖賢們的做事智慧。

《伊索寓言》中有這樣一則故事：有一頭瞎了一隻眼睛的公鹿，經常去海邊吃草，它用那隻好的眼睛注視著陸地，以便及早發現獵人和獵狗的蹤跡，而用瞎了的那隻眼睛對著大海，因為它認為海那邊不會發生什麼危險。有一天，海上來了一艘船，船上的人看見了這頭鹿，就一箭射了過來，鹿受了很重的傷，在它將要嚥氣的時候，自言自語地說：「我真是不幸，我防範著陸地那面，而我所信賴的海這面卻給我帶來了災難。」

　　這則寓言雖短，但其中蘊藏著深刻的哲理：現實生活中有很多事情往往與我們預料的相反，以為危險的事情卻很安全，以為安全的事情卻相當危險。其實，這種情況非常正常，是一種普遍存在的自然規律，稍微熟悉辯證法的人都知道這個道理。然而，在現實生活中，很多人卻忽視了這一道理，往往被眼前的美麗風景所欺騙，在安樂的環境中往往失去應有的警惕，從而遭到慘敗的下場，就像那頭覓食的鹿。所以，鬼谷子在此提醒大家，平時的生活中，即使處於安樂的環境中，也要想到可能有的危險，要提高警惕，防止禍患。

　　《周易》中也說：「君子藏器於身，待時而動。」我們一旦覺察到隱患可能萌生，就要用「器」將它斬殺於搖籃之中，做到防微杜漸。這，便是鬼谷子「抵巇之術」的精髓。

　　當然，讓一個身處順境的人時刻保持警惕，時時提防危險的到來，是一件相當困難的事情，或許只有經歷過危險、飽受過失誤之害的人才能有所感悟。然而這樣的失誤通常是致命的，雖然不會像那隻鹿一樣被一箭射倒，但是，很有可能跌倒以後就再也爬不起來了。一

個人如果沒有居安思危的意識，就很容易摔跟頭，甚至落得和那頭鹿一樣的下場;一個組織如果不能時刻保持警惕、居安思危，也會面臨失敗，甚至崩潰。要想避免這種厄運，就必須學會居安思危，能夠預見到可能遭遇的種種不幸與坎坷，並做好一定的預防措施。這樣，才能在危機到來時，逢凶化吉，順利渡過難關。這正是鬼谷子所強調的居安思危的主張，要像聖賢們一樣，在危險剛露出苗頭的時候就找到應對辦法。

【閱讀延伸】

春秋末期，晉國正卿趙簡子去世後，趙無恤接替了他的位置。這個趙無恤出身微賤，是個庶子。可就是這個出身卑微之人，卻使趙氏家族在晉末激烈的權力鬥爭中立於不敗之地，最後創下了趙國兩百年的基業。趙無恤就是後來的趙襄子。

趙無恤長相一般，品性一般，在眾兄弟中一點也不突出，趙簡子根本沒有注意過他的存在，但是，在後來的幾件事情中，趙簡子逐漸認識到了趙無恤的才智與雄心。

趙簡子經常將日常訓誡寫在竹簡上，交給兒子們讓他們銘記在心。轉眼過去了三年，趙簡子又問起了訓誡的內容，其他人一句也答不上來，竹簡也已經不知遺落在了何處，只有趙無恤對答如流，並且時刻將竹簡藏於衣袖之中。趙簡子對趙無恤的表現非常滿意，不過他還想再考察一下，於是對幾個兒子說：「我在夏屋山藏有寶符，你們去找一下，誰找到，就將它賞賜給誰。」趙簡子的幾個兒子去了，過了好久，別人都空手而歸，只有趙無恤說自己找到了寶物。大家眼見

他也是兩手空空，就奇怪地問：「寶物在哪裡？」趙無恤說：「從夏屋山四下張望，就把代國盡收眼底，代國便是我們的囊中寶物。」幾經考察，趙簡子最後將趙無恤立為繼承人。

趙簡子臨終前，把趙無恤叫到跟前，說：「我死後，你不要拘泥於別人的看法，穿著孝服到代國南面的夏屋山去看一看，到時你就會明白我的意思。」

趙無恤處理好父親的喪事後，便對大臣說：「我想去夏屋山上看看。」大臣們一聽頓時大驚失色，說：「夏屋山是一個遊玩的地方，大王還身著孝服，怎麼可以去那樣的地方呢？這與禮法不合，萬萬使不得啊！」趙無恤說：「這是父親的遺願，我必須去。」大臣們見他心意已決，只好同意。

趙無恤登上夏屋山山頂，居高而望，看到代國的風景，心有所悟：「父親一定是想讓我儘快奪取這塊寶地啊。」

趙無恤探聽到代國國君好色，就讓他姐姐嫁給代國國君。趙無恤利用姐姐的關係，千方百計討好代國國君。代國的馬郡出產好馬，代國國君就把上等的好馬送給趙無恤以表示報答。就這樣，代趙友好往來了好幾年，代國對趙國沒有了一點戒備之心。

趙無恤見時機成熟，就去謁見代君，請求雙方在馬郡邊境會宴。趙無恤事先讓數百名跳舞的人把兵器藏在羽毛做的舞具裡，並準備了一個盛酒用的大金斗。代國國君到達後，與趙無恤把酒言歡，等酒酣耳熱之時，斟酒之人裝作上前給代國國君倒酒，走到他身邊，猛地翻過大金斗猛擊過去，一下子把代國國君打倒在地。同時，那些跳舞之

人也迅速從舞具中拿出兵器，殺掉了那些隨從。隨後，趙無恤命令早已準備好的部隊大舉出擊，一舉占領了代國的領土。

趙國大將新稚穆子攻打翟國，占領了左人和中人兩座城池，於是就派人來向趙無恤匯報赫赫戰果，而趙無恤聽後沒有驚喜，而是面露愁容。左右人不解，問：「一天占領兩座城池，這是多大的喜事啊，大王為什麼要發愁呢？」趙無恤說：「暴風驟雨用不了一會兒就會停，太陽到了正中很快就會偏西。現在我們並沒有為翟國百姓做任何有益的事情，卻一天占領他們兩座城池，這難道不是快要滅亡的徵兆嗎？」

孔子聽說這件事後，感慨道：「凡事總能從壞處著想，這是國家昌盛的開始，由此可見，趙國要昌盛了。一時的勝利並不困難，難的是永遠立於不敗之地。有頭腦的國君總是能夠事先考慮未來的不利因素，所以他們的功績能夠延續後世。」

無論是一個國家，還是一個企業，抑或是一個人，要想強盛不衰，就要具備居安思危的意識，身處安逸而能看到「裂隙」，置身榮華而不坐享其成，發現危險徵兆及時堵塞補救。趙無恤做到了這一點，才使趙國逐漸強大興盛起來。

巇始有朕，可抵而塞

　　巇（xī）者，罅（xià）也。①罅者，㵎②也。㵎者，成大隙也。巇始有朕（zhèn），可抵而塞，可抵而卻，可抵而息，可抵而匿，可抵而得。③此謂抵巇之理也。

【註釋】

　　①巇：縫隙，裂縫。罅：義與「巇」同，只是裂的程度略深。②㵎：山與山之間的縫隙，此處指中等的縫隙。③朕：通「朕」，徵兆，跡象。塞：阻塞。卻：退卻，排除。息：止息。匿：隱匿，消失。得：取得，獲取，取代。

【譯文】

　　所謂巇，就是小的裂縫，小的裂縫會發展成中等裂縫，中等裂縫最終會發展成大的裂縫。小的裂縫剛剛出現的時候，會有徵兆可尋，可以用「抵」的方法來堵塞上；小的裂縫在外部出現的時候，可以用「抵」的方法來消除它；小的裂縫公開出現的時候，可以用「抵」的方法使其平息；小的裂縫在暗中成長的時候，可以用「抵」的方法讓其逐漸泯滅。假如小的縫隙已經變得很大，大得無法彌補了，那就用「抵」的方法去取代它。這就是抵巇之術的基本原理。

【智慧全解】

　　鬼谷子說：「巇者，罅也。罅者，也。者，成大隙也。」這一觀

點帶有濃厚的唯物辯證色彩，旨在告訴我們，事物的發展往往都是由量變引起質變的，生活與工作中的種種危機，往往都是由小危機逐漸積累發展而來的。

然而，生活中有很多人對這一理論知之甚少，或是明知故犯，不以為然。當問題剛一出現時，往往對其視而不見，充耳不聞，直到有一天，問題已經發展到相當嚴重的地步，已經無法補救了，才悔之莫及。

當絲襪剛破了一點點時，最好馬上就把它補好，否則它就會越破越大，變成一個無法縫補的大窟窿就晚了，穿著一雙露肉的破襪子走在眾人視線下，有幾個人能承受得了眾人嘲笑的眼光呢？所以鬼谷子說：「可抵而塞，可抵而卻。」既然有辦法去補救，為什麼不去做呢？

一些看上去極其微小的危機，很有可能造成非常嚴重的後果。無數事實都證明了這一點。而「巇始有朕」，所以當危機剛出現苗頭時，智者總是能敏銳地察知，而愚者卻一直蒙在鼓裡，而且還會對智者的忠告不屑一顧，直到小危機發展成大危險，才意識到，然而悔之晚矣。

人與人的相處也是如此，當產生隔閡和裂痕的時候，應該馬上去補救，以免裂痕越來越大，致使親人、朋友反目成仇。總而言之，我們在為人處世時，一定要善於觀察矛盾的徵兆，進而採取不同的態度對待，在有矛盾和裂痕時，我們一定要及時「抵而塞之」，在沒有矛盾和裂痕時，我們要加強和鞏固內部團結，這才是真正的抵巇之道。

【閱讀延伸】

　　戰國時期，秦國強大起來後，便仗勢四處征伐，搞得其他國家個個心驚膽顫，唯恐得罪了秦王。有一次，趙國得到了一件無價之寶——和氏璧。秦王得知後，便修書一封，表示願用十五座城池來交換此璧。趙王接到信後萬分焦慮，給吧，怕秦王在行騙，不給城池；不給吧，又怕得罪了秦王，為趙國引來禍患。趙王急忙召集群臣商議，可是眾人也一籌莫展。這時，大臣藺相如站了出來，說：「我願帶和氏璧前往秦國，如果秦王真心交換，我便將璧交給他；如果他在欺騙我們，我一定會把璧完好地帶回來。到那時，秦國理屈，也就沒有出兵的理由了。」趙王實在想不出別的好辦法，只好勉強同意了藺相如的建議。

　　藺相如到達秦國後，面見了秦王，獻上和氏璧。只見秦王一味稱讚璧，卻絕口不提換城之事。藺相如知道秦王根本無意換城，便使了個小計謀，要回了和氏璧，並和秦王約好，齋戒沐浴幾日後再獻和氏璧。

　　藺相如深知秦王在欺騙趙國，便派手下帶著和氏璧化裝回國了。到了與秦王約定的日子，他平靜地對秦王說：「和氏璧已經送回趙國了，您如有誠意，就先把十五座城池交給我國，我國會馬上派人送上和氏璧，絕不失信。不然，您殺了我也無濟於事，還會讓您落下一個不講信譽的壞名聲。」秦王沒辦法，只得讓藺相如回了國。

　　藺相如回國後，便被趙王封為上大夫。後來，藺相如又在秦趙的澠池之會上立了大功，被趙王封為上卿，職位比趙國的大將廉頗還

高。這一下，戰功赫赫的廉頗不服氣了，對別人說：「我廉頗攻無不克，戰無不勝，立下無數戰功。他藺相如有什麼本事，僅憑一張嘴，反而爬到了我的頭上。我如果碰到他，一定給他難看。」這話傳到了藺相如的耳中，藺相如便假裝生病不上朝，以避開廉頗。

有一天，藺相如駕車外出，遠遠看到廉頗騎馬迎面而來，他趕緊命車伕掉頭避開。他的手下不滿了，便抱怨藺相如太害怕廉頗了，他們下人都感到丟人，再這樣下去，他們就離開他。藺相如問眾人：「你們想一想，廉將軍與秦王相比，哪個厲害？」眾人一致回答：「當然是秦王厲害。」藺相如說：「我連秦王都不怕，為什麼會怕廉將軍呢？大家知道，秦國之所以不敢進攻我國，正是因為我們武有廉頗，文有藺相如。如果我們兩個有了矛盾，趙國的力量就會削弱，秦國必然會趁機來襲。我之所以避開廉將軍，是為我們趙國著想啊！」

藺相如的這一番話很快傳到了廉頗的耳中，廉頗非常愧疚，便脫下戰袍，背上荊條，到藺相如門上請罪。這便是著名的「負荊請罪」的典故。二人和好如初，聯手保衛趙國。

如果將相不和，敵人便有了可乘之機，到那時趙國就危險了。正是因為廉頗、藺相如二人及時彌補上了這種空隙和矛盾，才維護了趙國的大局。

通達計謀，以識細微

　　事之危[①]也，聖人知之，獨保其身。因化說事，通達計謀，以識細微。經起秋毫之末，揮之於太山之本。[②]其施外，兆萌牙蘗（niè）[③]之謀，皆由抵巇。抵巇之際，為道術用[④]。

【註釋】

　　①事之危：事物剛現出危機徵兆的時候。②秋毫之末：形容最細微的事物。太山之本：泰山的根基。太山，即泰山。③兆萌：徵兆、萌芽，即微小的徵兆。牙蘗：指小芽，比喻新的小計謀、小對策。牙，同「芽」。④為道術用：為道術之用，指聖人處理事情的根本方法。

【譯文】

　　在事物產生危險徵兆時，聖人就能敏銳地覺察到它，並憑著自己的力量採用措施進行自保。再在此基礎上，根據客觀情況的變化來籌劃計謀，制訂彌補的策略，以此找到產生細微裂縫的原因。事物往往是由細小的狀態引起的，假如任其發展下去，由小到大就會撼動泰山的根基。

　　如果要向外推行教化、治理天下，必須根據抵巇的原理，在事物還處於萌芽狀態時，及時發現其裂隙，想出新的計策來堵塞它。善於發現並運用抵巇之術來彌補裂隙，就是道術之用，就是聖人處理事情的根本方法。

【智慧全解】

鬼谷子說：「經起秋毫之末，揮之於太山之本。」意思就是說：萬事萬物在開始的時候都像秋毫之末一樣微小，一旦發展起來，就會大得可以動搖泰山的根基。世間的事物和矛盾正是這樣，都是從細微發展到巨大的，聖賢之人之所以能夠抓住事物的危險徵兆，是因為他們能夠見微知著，這是任何一個想要成就大事業的人必須具備的品質和能力。正所謂「千里之堤，潰於蟻穴」，小問題要引起注意，小危機要及時清除，以免釀成大禍患。古代先賢們無數次勸導後人要防微杜漸，但是不少人總是將其當成聳人聽聞的耳旁風，當自身體驗到其中的痛苦滋味時，已經悔之晚矣。

從古到今，那些賢明的君主之所以能夠把國家治理得安定繁榮，正是因為他們能及時發現問題，在危機尚處於萌芽狀態時就加以消除。與此相反，縱觀那些亡國之君，比如秦二世、隋煬帝之輩，他們通常對小問題視而不見，最後小問題逐漸變成了大問題，大好河山也只得斷送在自己的手中。

以史為鑑，我們必須做到防微杜漸，一旦發現或察覺到有不利於發展的小問題，就要立即加以剷除；一旦發現事情進展中產生了細微的滑坡現象，就要馬上加以制止。小問題往往能發展為大問題，造成無法彌補的損失。只有及時解決了小問題，才能有效化解可能的大危機。

大家都知道，在大多數時候，危機的變化都是漸進的，緩慢的，慢得人們幾乎無法感知與察覺。所以，要做到防微杜漸並不是一件容易的事情。但是越是這樣，越是需要我們提高警惕。

誠然，僅僅有防微杜漸的決心和勇氣是無法解決問題的，關鍵還是行動。經常提醒自己要注意發現和察覺小問題，以便讓自己在錯誤剛開始的時候就能改正，將小危機扼殺於萌芽之中。這正是鬼谷子所強調的「因化說事，通達計謀，以識細微」的主張。

【閱讀延伸】

　　想必大家都聽過這樣一首歌謠吧：「缺了一枚鐵釘，掉了一隻馬掌；掉了一隻馬掌，折了一匹戰馬；折了一匹戰馬，傷了一位騎士；傷了一位騎士，輸了一場戰鬥；輸了一場戰鬥，亡了一個帝國。」其實，這首歌謠講的是發生在英國的一個真實故事。

　　十五世紀八〇年代，英國國王查理三世為了爭奪英國的統治權，便到波斯沃斯征討與自己爭奪王位的里奇蒙德伯爵，雙方之間的戰爭一直持續進行，不分勝負。

　　一次，兩支軍隊之間又決定發動一場戰爭。查理三世明白勝敗將在此一舉，他們當中總有一方要戴上大英帝王的王冠，而另一方則只能淪為階下因。戰鬥進行的當天早上，他責令全軍將士都要嚴整軍容，並派了一個馬伕去備好自己最喜歡的戰馬。

　　馬伕牽著查理三世最鍾愛的戰馬來到了鐵匠鋪裡，要求鐵匠為這匹屢建奇功的戰馬釘上馬掌。「國王希望騎著這匹馬打頭陣，你快點給這匹馬釘掌。」馬伕對鐵匠說。

　　釘馬掌的工作其實很簡單，這個技藝嫻熟的鐵匠不知道已經為多少戰馬釘過馬掌了，但這次他很抱歉地回答：「你現在需要等等，我前幾天給全軍的馬都釘好了掌，手中的鐵釘不夠了，我得先打點鐵

釘。」

馬伕不耐煩地叫道：「我可沒有那麼多時間等你，里奇蒙德伯爵率領的軍隊正在一步一步地向我們逼近，國王必須在戰場上迎擊敵兵，已經等不及打鐵釘了，耽誤了戰鬥，你我都承擔不起責任。」

看到鐵匠愁眉苦臉的樣子，馬伕又說：「你可以用其他東西來代替那種鐵釘嗎？難道在你偌大個鐵匠鋪裡就找不到這樣一些東西嗎？」

鐵匠環視了一下，從一根舊鐵條上弄下一個鐵片，把它砸平、整形，固定在馬蹄上。鐵匠恐怕鐵片不牢固，說需要再打磨幾分鐘。但馬伕急切地說：「我告訴過你我等不及了，就這樣吧！」

就這樣，馬伕牽著一匹馬掌釘得並不牢固的戰馬離開了鐵匠鋪。查理三世就騎著這匹馬衝到了戰場的最前沿。

戰鬥開始了。「衝啊，衝啊！」查理國王叫喊著，信心百倍地率領部隊衝向敵陣。突然一隻馬掌掉了，戰馬跌翻在地，查理沒有抓住韁繩，也被掀翻在地上。

等查理站起來，環顧四周時，他發現士兵們都紛紛轉身撤退，敵人的軍隊已經包圍了上來。他憤怒地在空中揮舞寶劍：「馬！一匹馬，我的國家傾覆就因為這一匹馬。」

馬掌上缺少了一個釘子，這件事似乎並不是什麼大問題，卻導致查理三世的失敗，導致了一個龐大王朝的毀滅。完全可以說，因為一個鐵釘而改變了歷史的發展。

萌牙巇罅，抵之以法

天下紛錯，士無明主，公侯無道德，則小人讒賊，賢人不用。①聖人竄匿，貪利詐偽者作。君臣相惑，土崩瓦解而相伐射②。父子離散，乖亂反目。是謂萌牙巇罅。聖人見萌牙巇罅，則抵之以法③。

【註釋】

①紛錯：混亂與分裂。讒賊：用卑劣的言辭傷害好人。②伐射：射，射箭，引申為戰鬥。指互相攻伐而激烈戰鬥。③法：法則。

【譯文】

天下動亂不止，世上沒有賢明的君主，公侯權臣不講仁德，小人讒害賢良，賢臣得不到重用。聖人逃離亂世隱居起來，貪佞之人興起作亂。君臣之間相互猜疑，各種勢力相互攻伐，國家的形勢面臨著分裂瓦解的局面。即使在普通百姓間也是父子離散，骨肉反目成仇。這就叫作「萌牙巇罅」，即社會政治混亂逐步發展、惡化。聖人見到這種情況，就運用抵巇法則去處理。

【智慧全解】

鬼谷子說：「見萌牙巇罅，則抵之以法。」意思就是見到危險與矛盾的徵兆，就運用「抵巇」之法應對處理。鬼谷子的這個主張與我們常說的「未雨綢繆」是一樣的道理，都是對未來各種突發危機的預

測和預備。

《伊索寓言》中有這樣一則故事：夏天裡，很多動物都悠閒地生活，唱歌的唱歌，跳舞的跳舞，玩耍的玩耍，只有螞蟻在田間地頭跑來跑去，蒐集小麥和大麥，給自己貯存冬季吃的食物。對螞蟻的行為，屎殼郎極為不理解，於是便驚訝地問螞蟻為何這般勤勞。螞蟻沒有理它，繼續忙碌著自己的事。

冬天來了，大雨沖掉了牛糞，飢餓的屎殼郎，走到螞蟻那裡乞食，螞蟻對它說：「喂，夥計，如果當時在我勞動時，你不是質疑我，而是也去做工，現在就不會忍饑挨餓了。」

生活中，像屎殼郎這樣的人有很多，順境之時總是享受著安逸的生活，從來不去想將來的事，等到遇到危險時才知道自己沒有做好準備，一個勁地抱怨「如果我不這樣」「如果我早有準備」「如果我當時那樣」「如果我不那樣做」等欺騙自己的話，殊不知，當一切已成定局，就沒有挽回的餘地了。

與其在事故發生之後再採取措施來彌補，不如在事前就對可能發生的危機進行防範。未雨綢繆是一個簡單的人生道理，不論在生活中還是事業中都非常重要。要知道，危險的到來總是瞬息而至的，它不會給你任何喘息和準備的時間。要想面對這種情況不至於手足無措，唯一可行的辦法就是在事先做好充分的準備，就像故事中的螞蟻一樣，夏季安樂之時貯藏好過冬的糧食，才不至於冬季挨餓。

未來雖然無法預知、毫無把握，我們根本不知道什麼時候會有危險降臨，好像根本無法做出準備。的確，我們無法對未來將要發生的

具體事件有一個詳盡的了解，無法針對某種事情去做準備，但未來的趨勢和方向還是很明晰的，這就需要我們有長遠的眼光，有先見之明，這是每一個想成就大事之人最基本的能力。

儘管世界風雲變幻萬千，有準備的人總是能夠平安到達終點，正如大海波濤起伏，而駛到彼岸的永遠是那個時刻把握風帆的人。當然，未雨綢繆需要有先見之明，凡事要比一般人看得遠一點，想得深一些，並及時做出科學預見，而這種能力來自於對事物的觀察分析和對規律的正確認識和把握。

【閱讀延伸】

周公旦，姬姓，名旦，是周武王的弟弟，他同姜尚、召公等人一起協助武王姬發完成興周滅商的大業，立下了卓絕的功勳。建立周朝後，武王給他分了封地，還把他留在京城輔政。

兩年後，武王卒，年幼的太子姬誦被擁立為國王，即周成王。由於當時成王年幼，根本不懂治國之事。在周朝草創、百廢待興之時，周公旦便代王執政，處理國家大事。

周公攝政，引起了成王的三個叔叔管叔、蔡叔和霍叔的妒忌，他們到處造謠，說周公旦欺成王年幼，企圖篡奪王位。

很快，成王聽到了這些流言，在心裡對周公旦產生了懷疑。

周公旦覺得一時難以向成王解釋清楚，同時也為了消除成王對自己的疑慮，便離開鎬京，去了東都洛陽。

被封在商地的紂王兒子武庚一直對商朝的滅亡很不甘心，他見周朝兄弟之間產生了矛盾，一邊悄悄派人和管叔等聯絡，進一步挑撥離間，一邊準備起兵反叛，藉機想脫離周朝的統治。

在這緊急關頭，周公旦親自率軍東征，經過三年戰鬥，終於平定了叛亂。之後，周公旦擔心成王仍然懷疑自己，便揮師又回到了東都洛陽。

後來，周公旦查清了武庚暗中與管叔等人勾結的情況，他以母鳥自喻，把武庚比作貓頭鷹，寫了一首名為《鴟鴞》的詩送給成王：「迨天之未陰雨，徹彼桑土，綢繆牖戶。今女下民，或敢侮予？」

這時候，成王已經了解到周公旦從無野心，也明白了周公旦在《鴟鴞》中表達的意思，便派人把周公旦請回鎬京，殺了有可能引來禍端的武庚、管叔和霍叔，將蔡叔流放，後來被流放的蔡叔後死於途中。

後來，周公旦兢兢業業地輔佐周成王治國，並大行封賞，將王室宗親、開國賢臣分封各地，准其建立藩國，以此作為天子的屏障，周朝得以真正地鞏固和發展。

周公旦那首《鴟鴞》的意思是：趁著天還沒有下雨的時候，趕快用桑根的皮把鳥巢的空隙纏緊，只有把巢堅固了，才不怕人的侵害。這只是表面意思，周公旦主要是想通過這首小詩來勸諫周成王要未雨綢繆，趁著國家還沒有出現動亂的時候，提前防範或趕走身邊的奸臣小人，由此表達自己對國家的關切和憂慮。由此可見，周公旦是非常懂得「見萌芽巇罅，則抵之以法」的哲學道理的。

或抵反之，或抵覆之

世可以治則抵而塞之，不可治則抵而得之。或抵如此，或抵如彼。或抵反之，或抵覆之。五帝之政①，抵而塞之。三王之事②，抵而得之。諸侯相抵，不可勝數。當此之時，能抵為右。③

【註釋】

①五帝之政：指像黃帝、顓頊、帝嚳、堯、舜那樣的德政。相傳五帝時行禪讓之法。②三王之事：指像禹、湯、文王那樣的政事。夏、商、週三代皆以征伐得天下。③當此之時：指戰國時期。右：上。古禮尚右，以右為上。

【譯文】

若認為世道還能治，就運用抵巇之法採取措施來彌補，使之走上正途。如果認為不可治，就運用抵巇之法循其縫隙毀掉它，再重新建立一個新的秩序。或者用抵的手法反過來，或者用抵的辦法倒過去。五帝時期，政治清明，社會偶爾會有縫隙，就用抵巇之法彌補漏洞。三王之時，天下大亂，社會之縫隙已經無法彌補，所以禹便用疏導辦法取代堵塞辦法，而商湯與文王就起來反叛，取代夏桀與商紂，重新建立了新的社會秩序。如今各諸侯之間都在利用對方的裂隙，或抵而塞，或抵而得，數不勝數。這個時候，善於運用抵巇之術便是處理國家關係的上策。

【智慧全解】

鬼谷子說：「世可以治則抵而塞之，不可治則抵而得之。」旨在強調，變化是世界萬物的發展規律，人要想繼續生存，就必須學會改革創新。

西方有句諺語：「人不能兩次踏入同一條河流。」這句話的意思與鬼谷子的觀點是一致的，說的也是事物始終處於變化之中，所以我們在面對困境時，切不可拘泥於傳統，要力求變革創新，否則就背離了鬼谷子的捭闔之道。

相傳，從前有個叫卜子的人讓他的妻子做一條新褲子。妻子問：「你想把新褲子做成什麼樣呢？」卜子說：「就像我的舊褲子一樣。」於是，妻子做好新褲子後又弄髒，結果新褲子和舊的一樣破舊了。

在這個故事中，那個妻子就是一個不懂創新、拘泥傳統的人，她聽到丈夫說把新褲子做成舊褲子的樣子，就生搬硬套起丈夫的話，好好的新褲子被她做成了一條舊褲子。

生活原本就奇妙無比，變幻莫測，並不會遵從某個人的願望而成為某個模式。要想邁向成功，最好的辦法就是擺脫那份等待的安逸，積極地進行改革創新。堅守傳承好的東西，勇敢拋棄不好的東西，你將會發現整個局面都會變得更加美好。

總的來說，改革創新涉及我們身邊的各個方面，如學習，如生活，如工作。假如我們從更深一層意義上去理解改革創新，不要把改革創新看作是一種戰術或救命稻草，而是把它看成是一種戰略，我們

將會發現，改革創新就如同經典歌曲、經典名著一樣，長盛不衰。這就是鬼谷子所說的「當此之時，能抵為右」。

【閱讀延伸】

南朝梁國的開國皇帝蕭衍曾於南齊隆昌元年（西元494年）任寧朔將軍，鎮守壽春（今安徽壽縣），建武二年（西元495年）他因抗擊北魏軍有功，被任命為右軍晉安王司馬、淮陵太守，後來又為太子中庶子，領羽林監。

建武四年（西元497年），北魏軍南伐雍州，蕭衍奉命領兵赴援，進至襄陽（今湖北襄陽）。同年，被授為持節，都督雍、梁、南秦、北秦四州及郢州竟陵司隨郡諸軍事，又兼任輔國將軍、雍州刺史，鎮守襄陽。

這時，齊明帝蕭鸞病死，他的兒子蕭寶卷繼位。這個蕭寶卷是一個昏庸無能之輩，整日不理朝政，只知享樂，把朝中的大小事務全都交給始安王蕭遙光、尚書令徐孝嗣等人處理。蕭遙光等六人也不是什麼善類，並不以國事為重，只會明爭暗鬥，相互傾軋，號稱「六貴」。這種人治理下的朝廷是什麼樣子可想而知，可謂是極度黑暗腐敗。在襄陽的蕭衍得知朝中的情況後，便對親戚張弘策說：「政出多門，是國家大亂的開始。《詩經》中說『一國三公，吾誰適從？』如今國家有六貴，這怎麼了得！我猜測他們六貴矛盾一定會激化到大動干戈的地步，而襄陽遠離國都，正是避禍的好地方。可是我的弟弟們都在都城，我擔心他們會遭到禍患。我要和我哥哥商議一下。」

沒過多久，蕭衍的哥哥蕭懿由益州刺史調到了郢州任職。蕭衍便派張弘策到達郢州，給蕭懿送去一封信。信中說：如今六貴爭權，君臣之間猜忌到一定程度，必將大誅大殺，一旦混亂開始，朝野將土崩瓦解。我們有幸遠離京師，領兵外鎮，可以保全自身，圖謀大計。所以我們應乘朝廷還沒有猜疑時，將諸弟召集在一起。否則，一旦朝中對我們猜疑，諸弟們將在京師走投無路。如今，兄在郢州，控制荊湘；弟在雍州，兵馬數萬。在此政昏朝亂之際，正好以此為據，以圖大事，如果坐失良機，悔之晚矣。

　　蕭懿閱後，神情大變，他不同意蕭衍這樣做，因為萬一不成會招來滅門大禍。蕭衍見哥哥不從，便獨自將弟弟蕭偉、蕭儋迎至襄陽，祕密製造武器，招兵買馬，並在襄陽大伐竹木，將舟繫於檀溪之中，以備將來之用。

　　蕭懿拒絕了蕭衍的邀請，不久便入朝做了太子右衛率、尚書吏部郎、衛尉卿。永元二年（西元500年），裴叔業、崔慧景集聚眾人發動兵變，蕭懿帶兵平定了叛亂，為朝廷立了大功。然而，作為功臣的他不但沒有得到賞賜，反而受到猜忌，於當年冬天被殺。

　　蕭懿被殺，既證明了蕭衍預見的準確，也為蕭衍起兵提供了機會。蕭衍及時抓住這個機會，在與親信密謀後，召集部眾，誓師起兵。蕭衍對幕僚們說：「如今昏主惡毒，窮虐極暴，無端殺害朝中賢士功臣，令生靈塗炭，民不聊生，為天所不容。你們與我同心協力，共同討伐昏君。事成之後，你們都會大富大貴，都是公侯將相，我絕不食言！」

眾人異口同聲道：「願聽您的安排。」

誓師之後，蕭衍令人把竹木從檀溪中打撈出來，做成戰艦千艘，又召集士兵萬餘人，起兵討伐蕭寶卷。在殺掉蕭寶卷後，蕭衍立了傀儡皇帝蕭寶融。一年之後，他廢掉傀儡皇帝，自己親登帝位，建立梁朝。

還是鬼谷子那句話，「世可以治則抵而塞之，不可治則抵而得之。」蕭衍深刻地認識到「政出多門，是國家大亂的開始」，既然六貴不肯輕易退出朝中大權的牢籠，那他們只能互相排斥，相互攻伐，以達到自己的目的。而在他們相互傾軋之際，得利的就只有蕭衍了。蕭衍可謂是成功地運用了「或抵復之」的戰術，成功登上了帝位。當然，變革舊的事物，不是一件輕而易舉的事情，更不是只靠熱情就能奏效的，它需要一段時間的準備，更需要審慎縝密的考慮安排，還要能夠得到人們的理解和信任。任何人在改革創新的時候，若能夠做到德行天下，天下人自然會雲集響應，這樣的變革前景當然美好。

時有可抵，則為之謀

自天地之合離、終始，必有巇隙，不可不察也。察之以捭闔，能用此道①，聖人也。聖人者，天地之使也。世無可抵，則深隱而待時；②時有可抵，則為之謀。此道可以上合，可以檢③下。能因能循，為天地守神④。

【註釋】

①此道：指抵巇之術。②無可抵：沒有縫隙可以利用，代指清平盛世。時：時機，指世道出現縫隙之時。③檢：約束。④為天地守神：能掌握天地間萬事萬物變化的規律。神，事理玄妙。

【譯文】

世間萬事萬物之間有離有合，有開始也有終結，必然會出現縫隙，這是我們不可不留心明察的。察覺到這一點，能夠運用抵巇之術去解決問題的，就是聖人了。所謂聖人，就是天地的使者，是能夠發現並掌握自然規律和社會規律的人。若生逢盛世，時世沒有縫隙可以利用，就深深地隱藏起來等待時機；如果時世有縫隙可以利用，就運用抵巇之術進行謀劃。用這種道術，上可暗合君主之意，輔佐聖君治理天下；下可約束民眾，收拾局面。如果能夠順應自然規律來運用這種道術，那麼就能夠掌握天地間一切變化的規律。

【智慧全解】

在這裡，鬼谷子認為，立大志者需以「捭闔」之道處世，正如他所說「世無可抵，則深隱而待時；時有可抵，則為之謀」，意思就是說，身為大丈夫，要能屈能伸，該隱時就隱，該顯時就顯。縱觀中外歷史，有無數風雲人物、英雄豪傑都因能夠恪守屈伸之道、捭闔之術而叱吒風雲，所向披靡。

這裡的「屈」並不是讓人不思進取、逆來順受，並不代表我們膽怯、懦弱，更不等於我們認輸屈服，它只是暫時的退讓，是為了保存和積蓄力量，是為了等待「時有可抵，則為之謀」的機會，是為了尋找更好的策略和道路，是為了求得事業的長久發展所必須付出的代價。

可以說，屈是能量的積聚，是為更好地伸做準備；伸是積聚後的釋放，是屈的志向和目的。大家都見過袋鼠奔跑吧，袋鼠在起跑前總是先將腿屈起來，它這樣做正是為了積蓄力量，把全身的力量都凝聚到發力點上，然後將身躍起，以達到跳得最遠最高的目的。

人生道路上從來沒有常勝將軍，也沒有所謂的一路坦途。難免會有風急浪高之時，如果在這個時候迎面與之搏擊，也許會撞得頭破血流，船毀人亡，難有東山再起之日，除了給人以「你很勇敢」的印象，你什麼也得不到。此時我們不妨靈活一下，能站起來就站起來，站不起來就見機「屈」一下，等力量恢復了再站起來大顯身手。

當然，不管你是選擇「屈」還是「伸」，都需要具備大無畏的精神，有時候「屈」更加需要決心和勇氣。屈伸之道在大處可以保存一個國家，落到小處，則可以保全個人。能屈能伸，進退皆宜，才有可

能在將來的某一天笑傲江湖，人生之路才會越走越寬。所以鬼谷子才有「能因能循，為天地守神」之說。

【閱讀延伸】

春秋時期，楚穆王去世，楚莊王即位。楚莊王剛即位時，在很多人眼中他就是一個昏君，整日只知吃喝玩樂，打獵巡遊，根本不理朝政。有這樣一個君王，奸邪之臣偷著樂，而忠直大臣們卻著了急。

其實，楚莊王並不是真正的昏庸，他的心裡另有一番打算。原來，楚國令尹權勢太大，把持朝政，莊王覺得自己剛剛即位，黨羽未豐，難以與之抗衡，需要先麻痺他，免生不測。另外，自己剛剛上台，大臣中誰忠誰奸，自己還分辨不出，需要觀察甄別。出於這兩種考慮，楚莊王才做出昏庸之態，先把自己「深隱」起來，將滿腹雄心「隱」在吃喝玩樂中。

就這樣，楚莊王一「昏」就是三年，令尹等一幫奸臣更加肆無忌憚，惹得民憤更怨。一幫忠臣再也沉不住氣了，紛紛上奏勸諫，其中有個叫申無畏的大臣，是個出了名的忠直之人，他直接站出來責問莊王。莊王見申無畏到來，不知底裡，便問：「你來幹什麼？是來喝酒的，還是來聽音樂的？」申無畏說：「我只想來請教一件事。有人給臣下出了個謎語，臣下猜不出，特來請教。」莊王說：「講給我聽一下。」申無畏說：「楚國山上有只大鳥，身披五彩，氣宇華耀。一停三年，不飛不叫。我們不知，此為何鳥？」莊王聽完，哈哈大笑，答道：「這不是平凡之鳥。三年不飛，一飛沖天；三年不鳴，一鳴驚人。」申無畏何等聰明，一聽便明白了楚莊王的打算，連忙叩頭稱謝

說：「大王英明。」

此後，又有幾位忠臣來進諫。莊王與他們謀劃，一舉從令尹手中奪回實權，改革政治，振興經濟，操練士兵，國勢大振，先後出兵戰勝過幾個國家，楚國一躍而成為各諸侯國中的強國。

「世無可抵，則深隱而待時」，也就是當世道沒有可讓人利用的「縫隙」，無法施展抵巇術時，就深隱而等待「縫隙」出現。等到那恰當的時機一旦到來，就「為之謀」，運用權術去大幹一場。楚莊王可謂是深諳鬼谷子的抵巇之術，他「深隱而待時」，就是為了積蓄力量，爭取輿論，以一舉制人，「三年不鳴，一鳴驚人」。

飛箝第五：
恩威並施，知人善任

　　「飛」，飛語，假裝讚揚對方，以獲得對方的好感；「箝」是箝制，掌握的意思。「飛箝」就是故意抬高對方，等對方的戒備心消除後，必然會露出實情，這樣我們就可以箝制對方了，使對方按照自己的思路思考或行事。掌握了飛箝之術，明白了飛箝術的目的，便可對萬事運籌帷幄，自身也可來去自如。

度權量能，招賢納士

凡度權量能，所以征遠來近。[①]立勢而制事，必先察同異，別是非之語，見內外之辭，知有無之數，決安危之計，定親疏之事。然後乃權量之，其有隱括[②]，乃可征，乃可求，乃可用。

【註釋】

①度權量能：估量別人的權謀與才能。征遠來近：徵召遠近的人才、賢者，使之都來歸附，為己所用。②隱括：原指矯正竹木彎曲的工具，此指對同異、是非、內外、有無加以剪裁和修改。

【譯文】

凡是審度人的權謀智慧，衡量人的才幹，都是廣泛地從或遠或近的各個方面來吸取信息。要想確立做事獲得成功的態勢並有效地去行事，就必須先看到對方與己方的異同，分辨出對方言辭中的是與非，分辨出對方言辭表面與背後的含義，了解對方與己方所擁有的或沒有的，在此基礎上，才能決斷事關安危的大計，確定雙方或親近或疏遠的事情。然後再在實踐中加以檢驗權衡，對上述的異同、是非、內外、有無等做法加以調整和修改，最後才能決定如何去取，如何使用。

【智慧全解】

從古至今，人才都是事業發展最為寶貴的資源，是國家強盛、事

業興衰的關鍵。正所謂「國以才立，政以才治，業以才興」。然而在當今市場上，卻有不少管理者哀嘆：無人才可用。這是真的嗎？難道我泱泱大中華真的就沒有可用之才了嗎？人才資源真的短缺嗎？其實不然，我們不是沒有人才，而是管理者的用人思想有偏差。

近代詩人龔自珍說：「我勸天公重抖擻，不拘一格降人才。」可是，假如管理者在用人上保守固執，沒有識人善任之能，老天就是不拘一格降下人才又有什麼用呢？所以說「千里馬常有，而伯樂不常有」。要想挖掘到真正的人才，解決組織無優秀人才可用的問題，管理者要開闊視野，破除保守的用人觀念和思想，以與時俱進的眼光和思想，努力做到「不拘一格用人才」。

縱觀歷史，我們會發現，許多成就大業之士都顯示出「不拘一格任人才」的引才納賢之風範。如秦穆公之所以能夠稱霸於諸侯，得益於他用五張羊皮換來了「羊倌」百里奚；平原君對無人推薦的毛遂一視同仁，終解趙國都城之危；再如姜子牙八十歲可拜丞相，甘羅十二歲也可任上卿。

要想避免失敗，避免成為組織衰退的罪人，管理者就必須放棄保守的觀念，大膽用人、靈活用人、不拘一格地用人，只要是賢才，不論親疏，不管遠近，都要大膽用之。如果每個管理者都能有伯樂的識才、惜才、愛才之量，相信，我們根本用不著擔心千里馬不夠用，根本不用憂慮工作打不開新局面。正如鬼谷子所說：「度權量能，所以征遠來近。」

【閱讀延伸】

　　戰國時期，楚國有個將領名叫子發。此人為人和善親切，愛惜人才，以喜歡招納具有各種才能的人做門客而出名。只要聽說誰有一技之長，子發就會想盡一切辦法將此人招攬到自己麾下。

　　有一天，一位神偷聽說了子發的名號，就前來投奔。神偷對子發說：「我聽人言，您很看重人才，善於利用人的長處。我是個小偷，以前不務正業，如果您能收留我，我願為您當差，以我的技藝為您服務。」

　　說話時，神偷一臉誠摯，子發聽了甚為感動，連忙起身迎接，腰帶也顧不上繫緊，帽子也來不及戴端正，禮讓有加地把神偷迎進門，並將他奉為上賓。

　　子發禮遇一個小偷的事情很快傳揚出去，子發手下的官員、侍從們感到不可理解，紛紛前來勸阻：「江山易改，本性難移。小偷是天下的盜賊，盡做一些為人所不齒的事，怎麼會真心為您辦事，您怎可如此信任他？」

　　子發不以為然，擺擺手說：「你們不要急著去判斷一個人，小偷也有他的可用之處。」

　　不久，齊國舉兵攻打楚國，楚王派子發率大軍前去迎戰。可是齊強而楚弱，兩軍連續交鋒三次，楚軍都被齊軍打得落花流水。

　　接二連三的失敗，讓子發發了愁，連忙召集大小智謀之士、勇悍之將前來商議抗擊齊兵的策略。可是，眾將士雖然個個足智多謀、忠

誠無比，但對擊退齊兵卻無計可施、一籌莫展。有些人提出了一些計策，但都沒有多大的可行性。

眼看齊兵愈戰愈強，形勢對楚軍越來越不利，子發著急萬分，這時那個神偷突然來到帳前求見子發，他主動請纓：「我有一個辦法可以讓齊國退兵，如果您信任我的話，就讓我去試試吧！」

「齊軍強大無比，這些英勇的將士都無法應對，這些聰慧的謀士也想不出應對之策，你能有什麼好辦法呢？」子發懷疑地問道。

神偷走上前，趴到子發耳邊低聲嘀咕了一陣，子發聽後忍不住拍手叫好，馬上拍板同意讓神偷擔此重任。

到了晚上，夜色降臨，四周漆黑一片，這時神偷悄悄潛入齊軍大營，悄無聲息地將齊將首領的帷帳偷了出來，回到楚營。

第二天天一亮，子發就派了一個使者將帷帳送還齊營，並對齊軍說：「我們有一個士兵出去砍柴，撿到了將軍的帷帳，特地趕來將其奉還。」

齊兵面面相覷，目瞪口呆。

第二天，神偷又潛進齊營，取回齊軍首領的枕頭。子發又派人送還。

接著，神偷第三次進了齊營，將齊軍主帥的簪子、頭髮偷來了，子發照樣派人依次送還。

敵人士兵入自己的營帳，如入無人之境，這還了得？接二連三的

事件搞得齊軍人心惶惶，議論紛紛。齊軍首領更是驚恐萬狀，亂了方寸，召集手下說：「照這樣下去的話，恐怕子發下次派人來取的就是我的人頭了。」說完，立即下令撤軍，齊軍不戰而退。

楚將子發「度權量能」「不拘一格降人才」，即使是一個盡做雞鳴狗盜之事的小偷他也禮遇有加，視為上賓，正是因為此，才有了後面小偷為他解圍的故事。神偷雖然屬於雞鳴狗盜之輩，但以正道用之，亦有他的可用之處，可以為我所用。子發喜歡招納各種人做門客，想方設法地將有一技之長的人招攬到麾下，也是「不拘一格」的體現。

誘其吐實，飛而箝之

引鉤箝之辭，飛而箝之①。

【註釋】

①飛而箝之：假裝宣揚對方，提高其聲譽，獲得對方的好感後，對方必然暴露其內情，我們就能箝制他。

【譯文】

凡人都喜歡聽奉承話，對這些人要用奉承的話，故意讚揚對方，為對方製造聲譽，使對方高興而洩露實情，然後控制他。

【智慧全解】

鬼谷子的飛箝之術，說穿了也就是通過稱譽的手段，而箝制住對方。飛箝術應用範圍非常廣泛，因為任何人都渴望得到別人的欣賞和認可，得到他人欣賞，就意味著得到了一種肯定和激勵，得到了一種慰藉和力量。我們在生活中所接觸的人，超過百分之九十的人都會被這種飛箝術箝制住，只要我們應用得夠精密。

卡耐基說：「讚美好比空氣，人不能缺少。」心理學家威廉・詹姆士也說：「人類本性最深的企圖之一是期望被人誇獎和肯定。渴望誇獎是每個人內心裡的一種最基本的願望。我們都希望自己的成績與優點得到別人的認同，哪怕這種渴望在別人看來似乎帶有點虛榮的成

分。」

是的，每個人都渴望得到賞識，得到他人的稱譽，無論是身居高位還是地位卑微；無論是剛入公司的小青年，還是陞遷無望即將退休的老員工。即使是上帝也是要人們讚美的。

讚美、稱譽有著相當神奇而微妙的作用，它能使百年冤仇頃刻消除，能使古板的臉增添笑容。人們普遍地希望能得到別人的讚美，對於讚美他的人，自然也就容易接受。所以鬼谷子才會說「引鉤箝之辭，飛而箝之」。

通常情況下，那種愛慕虛榮、自高自大、自矜自伐、傲慢無禮的人，最容易受這種飛箝術的箝制。但是，對於那些質樸、謙遜、恭敬的處於陽面的人，只要選擇適宜的環境，同樣可以用此術箝制他們。另外，那些處於極度困厄的人，誇張的稱讚和欣賞，能夠令他們產生信任感和依賴感，從而對自己也會產生超越客觀的自信和希望，反而是更容易被這種飛箝術箝制住。

世間之人，只有那些才學超卓、智術非凡的人，才不會輕易被飛箝術箝制，不過，普通生活中，我們是很難遇到這樣的高人的，所以生活當中與人交往，我們盡可以「誘其吐實，飛而箝之」。

【閱讀延伸】

西漢景帝時，大臣晁錯上書削藩，漢景帝納其諫言並很快採取了行動，連續削除藩國封地，比如膠西國就被削去六縣封地。

當時，吳王劉濞是天下最富有最強大的諸侯，此人早就心存反志，景帝推行削藩政策，很明顯威脅到了他的地位，他擔心被朝廷先發制人，於是便積極謀劃起兵謀反之事。

　　謀反是大事，僅憑劉濞一己之力明顯不行，得找幫手。劉濞聽說膠西王劉昂好勇，喜歡談兵，他的五個兄弟都在齊地被封為王，這五位王都很畏懼他，所以，劉濞就想聯合劉昂一起起兵謀反。這樣一想，劉濞便派大臣應高前往膠西遊說劉昂。

　　應高見到劉昂後，就說：「吳王不肖，日夜憂心，不敢親自相見，所以就派我來將其心事告知大王。」

　　劉濞是劉昂叔伯長輩，又是最大的諸侯，現在竟然對自己這麼一個晚輩小國諸侯如此重視，應高的這番話直聽得劉昂心裡樂開了花。更讓劉昂開心的是，當年劉濞被漢高祖封到吳國為王，就是因為劉濞悍勇，能鎮得住吳國，而劉昂也善勇，能得到同樣以武力聞名天下的劉濞看重，劉昂豈不心花怒放？

　　於是劉昂問道：「不知吳王有何見教？」

　　應高道：「如今皇上昏聵，信任奸邪，聽信讒言，擅自變更祖宗法令，侵占削奪諸侯封地，對諸侯苛求甚多，無故誅罰良善，越來越過分。吳王與大王，都是當今天下最著名的諸侯，如今被朝廷盯上，恐怕再也難以像以前那般安享富貴了。吳王身體一直有恙，故而二十年來無法親自進京朝拜，但他一直擔心被皇帝猜忌，不能自白。現在就算吳王自縛手足親自進京去請罪，恐怕也不容易得到赦免了。聽說大王因為私自買官的事被皇上降了罪，削減了幾個縣，其他被削地的

諸侯罪過都沒有大王的嚴重，恐怕皇上處罰大王不會僅僅止於削地而已。」

應高的這番話令劉昂很受用，問道：「是啊，有這種事，那吳王有什麼打算呢？」

應高見劉昂鬆動了，就直接把話題挑明了：「同惡相助，同好相留，同情相成，同欲相趨，同利相死。現在吳王覺得自己與大王的憂慮是一樣的，他願意與大王因時借勢，捐軀為天下除去禍害，大王覺得怎樣？」

劉昂一聽劉濞要自己跟他一起謀反，臉色頓時大變，心裡其實已經認同了應高的話，不過為了謹慎，依然裝出害怕的樣子：「我哪敢做那樣的事？當今皇上雖然摧迫日急，但我也不能反叛天子啊，大不了我一死了之。」

應高作為一個謀士，當然知道劉昂是在試探，於是就把奪取天下的具體軍事方略直接說了出來，「御史大夫晁錯蠱惑天子，侵占削奪諸侯封地，閉塞忠良之諫，朝廷大臣怨聲載道，各諸侯都有反叛之心，從這一點上說我們已經占盡『人和』。彗星出現，蝗災數降，這正是萬世難逢的好機會，況且愁苦憂勞的境遇，正是賢者建功立業的良機。所以，吳王想借誅殺晁錯為名起兵，跟隨在大王的身後，經略天下，必能所向者降，所攻者破，天下沒有人敢不服從的。大王若能幸而賜臣一諾，吳王就會帶著楚王攻下函谷關，守護住滎陽和敖倉的糧食，奮勇迎戰漢兵。然後修葺好館舍，恭候大王駕臨，大王到時如能垂恩到來，必能吞併漢土，那時與吳王平分天下，這樣難道不比坐

以待斃強嗎？」

　　應高的這番話說的雖然是軍事謀略之辭，但其中仍夾雜著對劉昂的恭維之語。再加上劉昂喜歡談兵、尚勇，這樣的談話當然就能喚起劉昂身披甲冑縱橫天下的雄心。所以，劉昂聽後，果然贊同，當即許諾和吳王一起反叛。應高回到吳國將情況匯報給劉濞後，劉濞為防難以牢固地箝制住劉昂，他又親自跑到劉昂那兒，跟劉昂訂立了盟約，才算最終放心。

　　在勸說劉昂的整個過程中，應高都在用飛箝之術，把劉昂給捧得高高的，不僅拉近了彼此之間的關係，還誘出了他的真情實意，從而讓其心甘情願地為劉濞所用。

乍同乍異，說而服之

鉤箝之語，其說辭也，乍同乍異①。

【註釋】

①乍同乍異：陶弘景注，「謂說鉤箝之辭，或捭而同之，或闔而異之。故曰：乍同乍異。」乍，忽然，變化極為迅速。

【譯文】

作為「鉤箝」的語言要根據情勢而善於變化，時而贊同，時而相異。

【智慧全解】

在與人溝通、遊說對方時，無論最初是處於攻勢還是守勢，是掌握主動權，還是身處被動，我們最終的目的是一樣的，那就是說服對方，達到我方的目的。因此，我們在說服對方時，要想方設法去控制住對方，牽制住對方，讓其為我方所用。而要想讓對方徹底服從我方，其中一個重要的策略就是我們的遊說言辭要與對方的言辭、觀點時而相同，時而不同。

「乍同」，同意對方的言論觀點，意在拉近與對方情感的距離，增進信任度。對方對我們有了好感，後面才會認真傾聽我們的言辭，才會從內心傾向我們的觀點。同意對方的言論還有一個重要的原因，

那就是先與他站在一個立場上，讓其放下戒心，為後來將話題引向我方做好鋪墊，為後來箝制住對方打好基礎。

說服他人，說白了，就是設置一個邏輯圈套，讓對方鑽進去，以達到我方目的。要想做到這些，就必須讓對方完全信服、贊同我們的邏輯論點。而我們同意對方的言論、觀點，目的就是讓對方為我們的邏輯立論。他立的論，他當然不會辯駁。而我們再採用「乍異」之辭，對他的言論、觀點提出不同的看法和異議，這就是辯證。這個辯證從表面上看是為了證明對方議論、觀點而做，而實際上卻是對對方觀點、言論扭曲其本意的解釋。最後按照邏輯順序得出結論，這個結論不是對方最初所願意接受的本意，但是因為邏輯立論是由對方自己確定的，後面都是順著他的立論而得出的結論，所以對方只能接受，無從辯駁和反抗。「乍同乍異」無異於對方自己挖坑自己跳。

【閱讀延伸】

秦朝末年，陳勝、吳廣在大澤鄉揭竿起義，義軍勢如破竹，打得秦軍落花流水，很快陳勝在陳縣自立為王，並分遣諸將攻打各郡縣。

張耳、陳余和武臣三員大將率軍三千攻打故趙之地，接連攻克十多個城，在張耳、陳余的支持下，武臣自立為趙王。為了進一步鞏固實力，武臣派部將韓廣攻打故燕之地。可是出乎他所料的是，韓廣到了故燕之地後，就被燕人擁立為燕王。於是，武臣同張耳、陳余率軍來到燕國邊界，打算攻打韓廣。

有一天，武臣獨自帶著隨從離開軍營到邊界偵察敵情，沒想到被

燕軍活捉了。燕國便拿武臣當人質，要挾張耳和陳余，「拿趙國一半的土地來換回趙王武臣」。張耳和陳余接連派了好幾個使者前往燕國遊說，可是燕國根本不為所動，還把說客一一殺掉。張耳和陳余頓時沒了主意。

正當張耳、陳余束手無策之時，一個僕人揚言：「我可以為主公說服燕人，我一定能與我王一起回來。」

他的同伴聽了，紛紛嘲笑他不自量力，「主公派出了十多個能言善辯的使者，結果都被殺掉，你一個小小的僕人，有什麼本事能讓燕人放回趙王呢？」

這個僕人沒有與他人辯白，也沒有徵得張耳、陳余的同意，就私自跑到了燕軍大營進行遊說。

燕軍軍士將僕人押到將軍營帳。

僕人被押到燕將跟前，依然一臉淡定，絲毫不見慌亂畏懼之色。他平靜地問面前滿臉殺氣的燕將：「將軍知道臣為什麼來這裡嗎？」

燕將道：「當然，不就是想讓我們放回趙王嘛。」

僕人沉默，等於默認了燕將的話，然後反問道：「將軍對張耳、陳余二人可否了解呢？」

燕將回答道：「這兩個人算得上是賢人吧！」

僕人又問：「那麼將軍知道這兩個人的志向在哪裡嗎？」

燕將道：「他們就是想弄回趙王而已。」

僕人聽到這個回答，呵呵一笑，說：「看來將軍並不知道這兩個人的志向啊。當初張耳、陳余、武臣單槍匹馬攻下趙地數十城，都想南面而稱王，他們哪裡會滿足於僅做他人卿相呢？君與臣的地位哪裡能相提並論啊！只是因為剛剛攻占趙地，人心未穩、局勢未定，所以張耳、陳余尚不敢提出稱王的要求，而是按照年紀大小，讓最為年長的武臣先做了趙王。現在，趙地一片安定，人心也安定下來，張耳和陳余都想分割趙地稱王，只是還沒有找到恰當的機會而已。現在將軍囚禁了趙王，不正好給了兩人機會嗎？因此說，張耳和陳余此時表面上是想求燕國放回趙王，其實他們心裡都盼望著燕國將趙王殺掉，這樣一來二人就可以平分趙國，各自稱王了。以一個趙國的力量就足以蔑視燕國了，何況以兩位賢王左右號召呢？他們一起以懲罰將軍殺害趙王為名討伐燕國，滅亡燕國就更是輕而易舉了。」

燕將聽了這位僕人的這一席話，馬上下令放了趙王武臣。於是僕人駕著車載著武臣，順利地回到了趙國。

在這個故事中，那個僕人充分運用了鬼谷子「乍同乍異」的遊說之術，先是反問讓燕將自己立論，而他則照著此立論延續過去，就張耳、陳余的志向問題展開論述，表達了和燕將完全不同的意見，這個不同的意見，既是為讓燕將放歸趙王服務，又是為燕國的切身利益服務，並結合當時人人各欲稱王的事實展開論述，這樣一來，燕將就不得不信服僕人的說辭，放了趙王武臣。

不可善者，重累毀之

其不可善者，或先征之而後重累，^①或先重以累而後毀^②之。或以重累為毀，或以毀為重累。

【註釋】

【譯文】

對於那些不喜歡虛名，不喜歡聽奉承話，用飛箝之語難以誘惑的人，可以先行離開奉承的話題，不斷抬高他的名譽地位，使其名不副實，為以後詆毀他做準備。這次宣揚不成，就反覆使用，直到達到詆毀對方的目的。有時高揚對方優點使其缺點暴露是詆毀，有時歷數其缺點使他的優點暴露出來，是一種重累飛揚的方法，這樣做的目的還是要詆毀他。

【智慧全解】

大家知道，與人交往，最難溝通的人是兩種人，一種是固執的人，一種是多智的人。固執的人會咬定青山不鬆口，認定自己的觀點是正確的，憑你口水飛濺、口吐蓮花，人家就是堅持到底，不放棄自己的主張。多智的人，自認為聰明無比，見多識廣，根本不把你的看

法放在眼中，而且這種人容易看穿你的伎倆和計謀，你說了上半句，人家就能猜出下半句，你哪裡是他的對手呢？不過，相比較而言，多智的人要比固執的人容易改變一些。這是因為多智的人雖然容易看穿你的計謀，但他更能分辨出你話語間的道理、利害。當你言之有理的時候，他會樂於被說服。固執的人就沒這個本事了，他只是固執己見，對你所說的利害、道理根本不用腦子去分析、思考。對這樣的人，任你唾沫橫飛地遊說，也無法說動其一分。對這種固執的人，最普遍最實用的遊說策略就是，要先想辦法讓他完全信任我們，然後再進行遊說。這就是鬼谷子所說的「其不可善者，或先征之而後重累，或先重以累而後毀之」。

總之，無論是固執的人，還是多智的人，只要他們是難以控制、說服的對象，我們就要藉助自身的優勢條件，去攻破對方的劣勢，特別是要選擇在對方迷惑、兩難的時候去進攻，這樣最容易遊說成功。

所以我們在遊說之前一定要弄清楚我方所具備的優勢，這些優勢包括金錢、資源、人脈、地位、勢力、權力、機遇等各個方面，還要弄清楚對方的需求，然後對症下藥，令其為我所用。為了達成我方的目的，當對方被迫屈服時，為了牢固操控住對方，一定要對其「忠誠度」做測試，以免對方脫韁而去。如果我方還不確定對方的需求時，就要三番五次地試探，即「先重以累」。一旦試探到，就要不留情地進攻，牢牢地鉗住對方，令對方必須服從於我方，從而達成我方的計謀。

在此需要特別提醒大家一點，鬼谷子的這種飛箝之術非常霸道且

狠辣，雖然它能夠輕易地讓施用者達成目的，但是如果被歹毒之人施用，其一時的成功必定成為他日敗亡的導火索。

【閱讀延伸】

西元前二一〇年，秦始皇巡遊途中於沙丘之地駕崩。此時，秦始皇的長子扶蘇正以監軍的身分和手握三十萬精兵的蒙恬鎮守上郡（今陝西榆林市南）。秦始皇對自己的身後事是有所安排的，那就是一旦自己駕崩，就由蒙恬輔佐扶蘇登基。

秦始皇臨終時，下詔書令蒙恬率兵護送扶蘇回咸陽主持葬禮，然而，詔書封好後還沒來得及發出，秦始皇就撒手西去了，詔書便落到了趙高的手中。一向不喜歡扶蘇又奸詐陰險的趙高拿著詔書開始打起了鬼主意。

當時，秦始皇駕崩的消息還沒公布，只有李斯、趙高、胡亥及幾個近侍小太監知道。因為秦始皇生前沒有明確冊立誰為太子，為了避免禍亂發生，李斯下令知道實情的人誰都不可以將皇帝駕崩的事洩露。李斯的這個做法倒先便宜了趙高。

趙高一向與胡亥親近，他覺得胡亥好糊弄，一直想讓秦始皇立胡亥為太子，現在秦始皇死了，便想立胡亥為帝，這樣他就可以取代李斯的位置了。當然，趙高也知道自己的力量比較薄弱，改詔之事僅憑自己與胡亥兩個人是無法辦到的，必須取得李斯的協助才行。於是趙高趕緊找李斯遊說。

趙高先問李斯：「如今皇上駕崩，下給扶蘇的詔書和皇帝玉璽都

掌握在胡亥手裡，立誰當太子，只在我與君侯之口，君侯認為我們應該怎麼辦？」

很明顯，趙高這話是在試探，不過他試得很直接。

李斯想也不想，便說：「你怎麼能說這種亡國之話呢！這可不是我們身為臣子該議論的啊！」

趙高沒有理會李斯的訓斥，而是接著發問：「在君侯看來，你和蒙恬相比，誰更賢能？誰更功高？誰更善謀？誰更無怨於天下？誰與扶蘇的交情更深厚？」趙高為後面的利害關係陳述做了鋪墊。

李斯回答道：「當然，這五樣我無法與蒙恬將軍相比，你為什麼要問這些？」

趙高道：「我只是內宮裡的一個小廝，因為會寫幾個字，而進入宮廷，得以侍奉在皇帝左右。在宮中待了二十多年，我還從來沒見過有哪個將相被罷免後還能將富貴榮華綿延兩代的，所有的都被抄家滅族。皇上有二十多個兒子，這些人當中數長子扶蘇最為剛毅勇武，且有信義，最得軍心。如果他繼承帝位，一定會任用蒙恬為丞相。到那時，君侯的爵位就難保了。我自從受命教育胡亥這些年來，胡亥用心於學業，未嘗懈怠，其為人慈善仁厚，輕財重士，心明而口拙，禮賢下士，皇帝的其他兒子沒有一個比得上他的，他足以繼承帝位。該怎麼辦，就請君侯來決定吧！」

聽了趙高這番話，李斯心裡開始搖擺起來，不過他還是嚴詞斥責趙高道：「你不要做這種非分之想！尊奉皇上的遺詔，聽從天意的安

排才是我最該做的事情，哪裡還用再做決定？我受皇上隆恩，位極人臣，子孫皆位尊而祿厚，我怎麼能背叛皇上？你不要再說了，我不想因你而受到牽連！」

看到李斯情緒如此激動，趙高知道他內心其實已經有所動搖，於是繼續鼓動說：「我聽說聖賢行事，不拘於常理，審時度勢而為，見微知著。如今天下的權柄已經被胡亥所掌握，我身為胡亥的老師，一定能盡享榮華！天下局勢已經定了，君侯怎麼就如此死腦筋，看不明白？」

聞此言，李斯也放緩了口氣說：「當年晉獻公廢長立幼，結果導致晉國連續動亂了三世；公子糾與兄弟齊桓公爭位，結果被殺；商周不聽忠諫，屠戮親戚賢臣，結果國破身死。此三人之所以得此悲慘下場，正是因為他們逆天而為。而我只是一個凡夫俗子，不知道什麼天命，你找錯人了。」

李斯這番話中已經透露出了明顯的屈服之意，趙高趕緊抓住機會，趁勢威脅道：「上下同心，才能長久。君侯如果聽從我的計謀，便能長保爵位，世世代代延傳子孫，如果拒不相從，則禍及子孫，那樣的話，我就太為君侯感到寒心了。聰明人都知道轉禍為福的道理，君侯難道不知道嗎？」

話說到這裡，李斯意識到自己已經被趙高和胡亥這兩個人給箝制了，他仰天長嘆，垂淚嘆息道：「唉！遭逢亂世，既然不能一死了之，又該如何托命呢？」

至此，李斯只得屈服。這一點，趙高從李斯垂淚嘆息的神情上看

得一清二楚。最後，在李斯的幫助下，趙高終於成功幫助胡亥登上帝位，誅殺了公子扶蘇和蒙恬。

　　大家知道，李斯可以稱得上是一位智者，想當初，他從楚國來到秦國，做了呂不韋的門客，成功遊說秦王嬴政，得到重用，輔佐嬴政吞併六國，這得有多大的能耐啊！但是到最後，他還是被趙高說服，走上了不歸路。這是為何？原因很簡單，因為李斯在做忠臣和保有富貴上出現了衝突。李斯雖然很清楚趙高的遊說策略和目的，但他還是屈服了，因為趙高「以重累為毀」，拚命宣揚他的優點，使李斯暴露出缺點——不願放棄高官厚祿、榮華富貴，然後又威逼利誘，使其無力反抗，不得不屈服。

投其所好，闚而箝之

其用或稱財貨、琦瑋、珠玉、璧帛、采色以事之[①]，或量能立勢以鉤之，或伺候見而箝之，其事用抵巇。[②]

【註釋】

①稱：舉。琦瑋：寶石美玉。采色：美女。事之：對待他，考驗他，這裡有收買之意。②立勢：確立控制對方的形勢。伺候：等待時機。

【譯文】

在迎合時具體使用對方可能喜歡的財貨、美玉、珍珠、玉璧、絲帛、美女等，也可以依據他的才能擺出或收留或不收留的樣子來控制對方。或者見到對方有裂縫可鑽，就利用對方的裂縫來控制他。這種情況就要配合運用抵巇之術了。

【智慧全解】

在這個世界上，每個人都有慾望，有的人好財，有的人好名，就算是方外修行之人也有「終成正果」的慾望。總而言之，世間任何人也逃不過名利二字。正如司馬遷所說：「天下熙熙，皆為利來；天下攘攘，皆為利往。」

可以說，人活在世上，無論貧富貴賤，都免不了要和名利打交道。人世間的種種顯赫莫不出於名利，人世間的種種快樂莫不出於名

利，人世間的種種悲哀莫不出於名利，人世間的種種淒涼莫不出於名利。「名」是精神領域的代表，「利」是物質領域的代表，人們生活無非是為這兩個方面而已，自古以來，有多少人能夠逃得出這兩方面的侷限？所以，「千古以來，未有不好名者。」名聲、榮譽以及隨之而來的被人尊崇的榮耀，誰不希望擁有呢？「千古以來，亦未有不好利者」，因為「利」可換取一切物質。

從這一點上來講，利用名利來籠絡人心，是遊說過程中最為有效的手段，也是最切合實際的手段。如果飛箝之術使用恰當，可以說世間任何人可能都逃不過被籠絡的命運。

人們除了需要名與利外，還有被尊重、被理解、被呵護、被敬愛、被賞識的需要。在說服他人時，對方的任何需要都可以作為籠絡他的手段，這就需要我們在說服之前，首先要弄清楚對方當前的需要是什麼，哪一個需求是他最大的慾望。

人的一生中有許多慾望，但不同的時期，慾望所占的比重也有所不同，這個時期可能最渴望得到名，那個時期可能最想得到利。當對方的某個慾望特別強烈時，就是我們的最佳出擊時機，這時我們拿這個慾望引誘他，投其所好，就一定能把對方牢牢地箝制在我們手中，任憑我們駕馭、利用。

【閱讀延伸】

戰國秦昭王時期，秦國的內政外交大權全落入「四貴」穰侯、涇陰君、高陵君、華陰君手中，這四人飛揚跋扈，氣焰囂張。其中穰侯的權勢最大，他倚仗太后的威勢，橫行霸道，不可一世，根本不把秦

昭王放在眼裡。

昭王三十七年（西元前278年），魏國人范雎來到秦國，對秦昭王說：「大王如果採用遠交而近攻的辦法，那麼大王就可以得寸土則為王之寸土，得尺土則為王之尺土。如今中原的韓魏兩國強盛無比，大王若要稱霸於諸侯，應親近中原兩國，而威懾楚趙兩國。楚趙兩國如歸附秦國則齊國必然畏懼，所以也會歸附於秦，這樣，大王就可以趁此機會征服韓魏兩國了。」

昭王聽後，覺得很有道理，對范雎稱讚不已，遂拜其為客卿，共謀國事。隨後昭王用范雎的謀略，攻城略地，無往不勝，秦國大名威震天下，各諸侯國都害怕他。

昭王四十一年（西元前274年），范雎在秦國盡心盡力地輔佐了昭王四年，已完全取得了昭王的信任，秦國的很多機要事宜都由他去主持。

隨著對秦國了解的加深，范雎發現，秦國軍事上雖然強大了，可是由於國內政權全掌握在「四貴」手中，而「四貴」黨同伐異，導致內政千瘡百孔，政治昏暗，於是他便決定著手改革內政。可是，要想改革內政，首先就要削弱「四貴」的職權，否則改革只是一句空話。然而「四貴」權力熏天，如何才能撼動呢？

一次，范雎向昭王說：「早年臣在山東之時，只聽說齊國有孟嘗君，不聞有齊王；秦國有穰侯、涇陽君、高陵君、華陰君，卻不聞有秦王。這是為什麼呢？」

秦昭王沉默不語，范雎接著說：「王是什麼？王就是能獨攬國家

大權，能興除利害，能執掌生殺大權，這樣才是真正的王。如今太后專權四十餘年，穰侯出使，可不報大王；涇陰、華陰二君肆意妄為，目無法紀；高陵君任免官吏，擅作主張，無人敢言。有這四個人在朝中肆意妄為，國家一定會滅亡的。」

秦昭王聽後大驚失色道：「天啊，原來眼前存在著這麼大的危機啊！那麼我該怎麼做呢？」

「善治國者，內則威嚴，外則重權。如今穰侯內仗太后之勢，外借大王之威，對各國發號施令，與各國訂立盟約，各國沒有敢不服從的。如今更有太后同他串通一氣，那三人也扶持左右，他們終究會剷除大王的。萬一真有變故，恐怕大王來不及準備，就已經被他們砍於刀下了。」

聽了范雎這一番話，秦昭王更是驚恐萬分，馬上與范雎祕密商議驅逐「四貴」與太后的計策。

沒過多久，昭王就找了個理由收回了穰侯的相印，將他驅出秦國，又把太后廢黜，令其深居冷宮。又過了一段時間，又把其他三人也驅逐走了。至此，秦昭王終於把國政大權全部掌握在自己手中，於是拜范雎為相，治理國家。

這裡，范雎就是以名利相誘，緊緊抓住秦昭王要害，婉言相勸，讓秦昭王下定決心剷除「四貴」，從而達到了剷除政壇勁敵，執掌大權的目的。王者高高在上，如果居於上位，名聲反而不如居下者，是難以容忍的。正如鬼谷子所說「伺候見而箝之」，范雎正是利用了秦昭王這一空隙，高談治國的方略，最終使自己登上了相位。

知其好惡，以箝求之

將欲用之於天下①，必度權量能，見天時之盛衰，制②地形之廣狹，岨（zǔ）嶮（xiǎn）③之難易，人民④貨財之多少，諸侯之交孰親孰疏、孰愛孰憎，心意之慮懷。審其意，知其所好惡，乃就說其所重，以飛箝之辭，鉤其所好，以箝求之。⑤

【註釋】

①用之於天下：把飛箝之術用到治理天下上。②制：知，判斷。③岨：險要的地理形勢。同「險阻」。④人民：人口。⑤審：仔細觀察。其所重：君主最關心、最急於解決的問題。

【譯文】

若要將飛箝之術用於治理天下，一定要先審度君主的權謀，衡量他的才幹，觀察天時是助其盛還是使其衰，準備判斷該國的地理形勢，疆域是大還是小，地勢是否險要，是否易於攻占或據守，了解人口財富的多少，知曉此國與各諸侯國之間的關係是親還是疏，君主跟哪個國家比較親近，對哪個國家比較憎恨，君主個人的所思所想。仔細體察君主的意圖，了解他的喜惡，然後去遊說他最關心的事情，並用飛箝的言辭，鉤住他的喜好，進而控制他，使他能夠隨著我們的意願行事。

【智慧全解】

鬼谷子說：「審其意，知其所好惡，乃就說其所重，以飛箝之辭，鉤其所好，以箝求之。」一語道破了溝通之中的關鍵技巧，那就是抓住說服對方的好惡，對症下藥，使其能夠隨著我們的意願行事。「鉤其所好，以箝求之」不僅是一種有效的溝通技巧，更是一種為人處世之道。

　　如果你想讓一個人聽從你的觀點，達到自己的目的，就要找到他喜歡的東西去誘惑他，「鉤其所好」，才能「以箝求之」。這就好比你想讓一頭牛乖乖跟你走，一定要抓一把它最喜歡吃的青草懸在它眼前，千萬不可拿塊肉。

　　所以說服他人，一定要先詳細考察對方的願望和想法，了解他們的好惡，然後針對對方所重視的問題進行遊說，再用「飛」的方法引出對方的愛好所在，最後用「箝」的方法控制住對方。

　　說得簡單點，就是要想控制住對方，就必須弄清楚對方的好惡，特別是他的喜好，務必做到所下之餌符合對方的胃口，千萬不可對牛投肉、對狼下草，這樣才能讓對方樂於接受，從而將其穩穩地鉤住。

　　俗話說：人無完人，金無足赤。是人就有弱點，是狼就會吃肉，這是自然的規律。而慾望則是人類最大的弱點。人的慾望總是悄無聲息地就控制住了人的心智，矇住了人的眼睛。沉浸於被滿足的慾望之中，就如同魚兒暢遊於水中一樣愜意、自在。如果你能把對方喜歡的東西放在他的手中，他的心肯定能被你俘虜，大家都知道，俘虜是不能抵抗，也不會抵抗的。這樣，你不就可以輕輕鬆鬆地掌控他了嗎？

【閱讀延伸】

春秋戰國時期，楚國強大起來後，便開始掠奪周邊的小國。有一年楚國大軍舉兵攻打絞國，大軍行動迅速，很快攻到絞城城下。絞國見數萬楚國兵馬來勢洶洶，氣勢旺盛，自知不敵，便決定堅守城池，按兵不動。

絞城是一個地勢險要、易守難攻的城池。強楚攻打了好幾次，都沒能攻下。兩軍相持一個多月，楚王見久攻不下，非常焦急。楚國莫敖（楚國獨有的官職）屈瑕仔細分析了敵我雙方的情況，認為這樣硬攻，是攻不下絞城的，所以只能智取，於是他向楚王獻上一條「以利誘之」的計策。屈瑕認真分析絞城的情況後，對楚王說：「攻城不下，不如利而誘之。」他建議：絞城已經被圍困一個多月了，城中一定缺薪柴，這時我們不妨派些士兵裝扮成樵夫上山打柴運回來，敵軍見了，一定會出城劫奪柴草。頭幾天我們可以給他們一些甜頭，讓他們得到一些小利，等他們放鬆警惕，麻痺大意，再派大批士兵出城劫奪柴草的時候，我們先設伏兵斷其後路，然後聚而殲之，乘勢奪城。

聽了屈瑕的建議，楚王依然有些顧慮，擔心絞國不會輕易上當，屈瑕說：「大王請放心，絞國雖然小，但是很輕躁，他們輕躁，就會缺少謀略。現如今我們把如此香甜的釣餌放在他們面前，他們一定會上鉤的。」

楚王思索片刻，覺得屈瑕所說不無道理，就依計行事，命一些士兵裝扮成樵夫上山砍柴。絞國的探子很快把有樵夫進山的情況報告給了絞侯，絞侯問：「這些樵夫有沒有楚軍保護？」探子回答說：「他

們是三五成群進山的，一路上並沒有兵士隨行。」絞侯一聽，心中歡喜，正困呢，有人送來了枕頭，城中正愁沒有柴草呢，這豈不是送上門的好事嗎？於是他馬上布置人馬，等「樵夫」背著柴火出山之時，突然襲擊，果然順利得手，一下子抓到三十多個樵夫，奪得不少柴草。這樣連續好幾天，絞城收穫頗豐。

接二連三的奪柴勝利，讓絞侯對抓「樵夫」奪柴火的事情開始樂此不疲起來，他卻不知道自己已經慢慢地鑽進了別人的圈套。絞國士兵出城劫奪柴草的越來越多。楚王見敵人已經吞下釣餌，便決定迅速逮大魚。到了第六天，絞國士兵再次像前幾天一樣出城劫柴，「樵夫」們看到絞軍來襲，嚇得拚命逃跑，絞國士兵想也不想就緊追不捨，不知不覺追到了楚軍的埋伏圈。霎時間，伏兵四起，殺聲震天，絞國士兵哪裡抵擋得住呢，沒幾下就被打得落花流水，往回撤退，可是撤退途中又遇到伏兵，後路也被楚兵隔斷了，這一役，絞國士兵死傷無數。楚王趁此機會開始舉兵攻城。絞侯自知中計，可是已經無力挽回，只得打開城門投降。

楚軍之所以能夠一舉成功，正是因為探得了絞城的實情，知道了對手的好惡，從而「鉤其所好，以箝求之」。

以箝合之，飛箝之綴

　　用之於人，則量智能、權材力、料氣勢[1]，為之樞機[2]。以
迎之隨之，以箝和之，以意宣之，此飛箝之綴也。[3]

【註釋】

　　①料：估量。氣勢：氣概與聲勢。②樞機：此為關鍵的意思。
樞，門軸，控制門戶轉動的機關。機，弩機，安裝在弩弓上的控制發
射的機關。③以意宣之：用對方的意思達到宣揚自己的目的。飛箝之
綴：用飛箝之術控制人。

【譯文】

　　如果將飛箝之術運用到與人交往中，就必須先衡量對方的智慧和
才能，估量他的氣勢。把我們對對方的充分了解來作為與之相處的關
鍵。先迎合他、附和他，再用飛箝之術箝制他，使對方與我們相合，
這些用對方的意思達到顯示我方目的的方法就是飛箝之術控制人的妙
用。

【智慧全解】

　　與人交往周旋，說穿了就是在與對方打心理戰。要想在這場戰爭
中取得勝利，我們就要盡量把主動權控制在自己的手中。那麼如何才
能做到這一點呢？鬼谷子告訴我們一個辦法：「量智能、權材力、料

氣勢，為之樞機。以迎之隨之，以箝和之，以意宣之，此飛箝之綴也。」意思是說，我們要先衡量對方的智能，揣摩對方的能力，估量對方的氣勢，摸清對方的底細，做到知己知彼，才能戰無不勝。這就是飛箝之術的妙用。

利用飛箝之術操控對方的過程中，不僅我方的目的和利益起著決定性作用，對方的才智、時勢、氣運、實力等因素也起著重要的作用。比如說，為了實現我方的某個目的，而去箝制他人，而當時的條件只允許控制一個人，在這種情況下，我們就要權衡對方的才智、時勢、氣運、實力了。如果對方在這些方面較弱，我們就可以完全操控對方，讓對方一切聽從我們的指揮；如果對方在這些方面很強，我們就要用飛箝術尋求與對方協作了，否則就有可能被對方完全操控或摧毀，達不到我們的目的了。

總之，在說服他人這場心理較量中，要想讓自己的觀點被對方接受，我們就要學會揣摩對方的心理，度量對方的智慧、才能，提前對對方進行一番仔細認真的分析，以求全面、準確地了解對方。正如鬼谷子所說的「量智能、權材力、料氣勢」，只有做到了這一點，我們才能占據主動權，贏得勝利。

【閱讀延伸】

戰國時期，南方巴蜀兩個小國實力漸漸強大，兩國為了爭奪地盤而展開了交鋒，爭執不下，雙雙向秦國求助。

當時秦惠王想出兵伐蜀，可是因為「道路艱險」，而且他還擔心

韓國會趁機突襲，所以一直遲疑不決。拿不定主意的秦惠王便召來他的兩位謀士司馬錯和張儀來商議。

司馬錯堅持認為應該出兵伐蜀，可是張儀卻堅持要舉兵伐韓。二人你來我往，爭執不下，這時秦惠王開口了：「你們把各自的想法都詳細地說出來聽聽。」

張儀首先開口：「大王，您應該先與魏楚兩國修好關係，然後派兵攻打三川，堵塞轘緱氏兩個隘口，堵住通往屯留的道路。然後請魏國出兵切斷通往南陽的道路，如果這時楚國派兵攻打南鄭，我們的軍隊就可以乘機攻打新域和宜陽。如此一來，我們就能合力逼近二周的近郊，進而討伐周君的罪行。我們隨後再把楚、魏兩國的土地據有己有。周王室自知沒有能力與我們抗衡，自然會把九鼎和寶器交給我們。我們手裡有了九鼎、地圖和戶籍，理所當然就可以挾持周天子，然後用他的名義來號令天下了。這樣誰還敢與我們作對呢？這樣您不就可以順理成章地建立您的王業了嗎？蜀國地處偏遠，又落後，如果我們出兵攻打它，我們不僅要耗費大量的人力、物力、財力，而且還無法建立名望。那裡非常荒涼，就算我們得到了它，又有什麼用呢？常言道：『在朝廷上爭名，在市場上爭利。』而奪取蜀地，明顯沒名也沒利，現在的三川地區和周王室才是最重要的地方，您應該派兵去爭奪那裡，而不是與那些野蠻之人開戰。否則就是與帝王之業相悖了。」

張儀一住嘴，司馬錯就開口了：「你這話不對。大王，我聽說，『要實現王業，必須具備三個條件，一是富國，二是強軍，三是富

民。要富國就一定要擴大它的領土；要強軍就必須讓百姓富足；要建立功業，就必須要施捨恩德。』現在，我們秦國不僅土地稀少，而且各地百姓生活貧困，在這種情況下，您就不能去做那些困難的事，而是要做一些簡單的事。蜀國居西，以戎狄為首領，據說他們內部統治極為殘暴，時常發生禍亂。這個時候，我們如果出兵攻打它，就等於是解救那裡的受苦百姓，這是順應民意。如果我們得到它的土地，我們的領土就會擴大，得到它的財富，我們的百姓就能過上富有的生活。我們整治軍隊而不傷害百姓，蜀國一定會歸順我們。更為重要的是，攻打蜀國其實是一件名利雙收的事情。因為奪取那裡，沒有人會說我們殘暴，取得那裡的財富，沒有人會認為我們貪婪。可是，假如我們現在出兵韓國，而脅迫周天子，天下人就會斥責我們不仁不義。要知道，去攻打一個所有人都不願攻打的地方，就會失去人心。現在從名義上講，周王室終究是天下的宗室，韓國是周國的友好鄰邦。如果周天子知道自己要失去九鼎，韓王知道自己要失去三川，那麼，他們肯定會聯手與我們抗衡，而且齊趙兩國也會協助他們。另外，他們也會向楚魏兩國求援。到了最後，周天子會把九鼎送給楚國，把土地送給魏國，這是無人能擋的趨勢。所以當下最明智的選擇就是我們應該去攻打蜀國。」

秦惠王一直認真地聆聽著，司馬錯一說完，他就拍手叫道：「好，這話說得有道理，就按照你說的去做。」不久，秦王便派兵攻打蜀國。

當時蜀國兵力虛弱，秦軍勢如破竹，連連取勝，很快占領了蜀國。隨後，秦王把蜀國的君主改為蜀侯，並派遣陳莊前去輔佐他。蜀

國歸附後，秦國的國力增強不少，百姓也過上了好日子。

　　在這場辯論中，張儀為什麼會失敗？司馬錯為什麼會成功？原因無他，主要是司馬錯早就猜透了秦王的心思，他知道秦王一直都想擴充疆土，富國強兵，所以投秦王所好，說了合秦王心意的策略，最終讓秦王採納了自己的意見。

空往實來，綴而不失

　　用之於人，則空往而實來①，綴而不失，以究其辭。可箝而從，可箝而橫，②可引而東，可引而西；可引而南，可引而北；可引而反，可引而覆。雖覆能復，不失其度。③

【註釋】

　　①空往：用讚譽、好聽的言辭。實來：使對方打開心扉，套出對方的實情，使之歸附於己。②從：同「縱」，指合縱。橫：指連橫。③復：恢復。度：一定的準則。

【譯文】

　　用飛箝之術與人打交道，我方通常沒有付出卻能夠得到大的回報，使對方與自己緊密相連而不會失去對其的控制，然後從對方的言辭中探究出實情。如此一來，我們就能箝制對方，使他合縱就合縱，使他連橫就連橫；可使他向東，可使他向西，可使他向南，可使他向北；也可以使他從起點返回，或使他返回後再回來。無論怎樣反覆，都不會脫離我們既定的準則。

【智慧全解】

　　人的心理是非常微妙的，是很難把握的，這就使我們在與人打交道這場心理戰中舉步維艱。一般情況下，從對方的言辭中探知其真情

實意並不是那麼容易，既然不知道對方的真實意圖，也就很難達成我們的目的。與人交往也像打仗，如果不知道對方的真實情況，就算是開戰，我們也是心中忐忑，沒有底氣。

這場心理戰該如何去打呢？鬼谷子為我們提供了一個策略，那就是空往實來。鬼谷子的意思是說，我們可以用甜言蜜語去套出對方的實情，也就是以虛求實。曹雪芹在《紅樓夢》中寫了這樣一句話：「假作真時真亦假，無為有處有還無。」說的也是這個道理。有些時候，故意指假為真，以假象去誘惑對方，往往能讓對方透露出他的真實意圖。

鬼谷子的「空往實來」說穿了就是適時地運用恭維之術，用好話迷惑對方，使其說出自己的實情，我們才能控制住對方的情緒，使其為我所用。「空往實來」用得好的話，可以把人控制得團團轉，可以為我們謀得許多好處。每個人都有虛榮之心，都喜歡聽好話，所以不管是在人際交往還是在組織管理中，虛心一點，適時地說一些恭維之辭，用恭維的「空」話來提高對方的自尊心，將對方的情緒控制住，就可以得到自己的「實」。這樣既可了解對方的實情，又可以獲得對方的好感，縮短雙方的距離，從而可以憑藉對方的信任來控制對方。

「空往實來」用於管理當中，就是多肯定、讚美下屬。下屬得到領導的讚美後，就會信心倍增，工作得更加賣力、認真。所以管理者如果學會「空往實來」之術，善於用好言激勵下屬，也就明白了管理的真諦了。這樣就不存在管不好的員工，也不存在完不成的夢想了。正所謂「雖覆能復，不失其度」，其妙無窮。

【閱讀延伸】

西漢景帝時期，中原北方邊境經常受到匈奴的侵擾，那裡的居民苦不堪言，惶惶不可終日。被譽為飛將軍的李廣當時任上郡太守，奉命前往北境抵抗匈奴。

有一天，朝廷派去的宦官帶著隨從去打獵，不料途中被三個匈奴兵偷襲了，宦官僥倖逃脫。回到營地後，李廣聞知詳情，火冒三丈，立刻帶上百名騎兵前去追擊。追了幾十里後，終於追上了那三個匈奴兵，殺了兩個，活捉一個。可是，就在李廣帶著那個俘虜往營地回轉之時，忽然發現數千名匈奴騎兵朝他們的方向奔馳而來。匈奴騎兵很快發現了李廣他們，可是看見李廣只有百名騎兵，以為有詐，不敢貿然攻擊，於是，急忙上山擺開陣勢，觀察動靜。

李廣所帶之人見此情形，恐懼萬分，可是李廣卻鎮靜自若，一臉從容。他平靜地對士兵說：「我們現在只有百人，而且離大營還有幾十里。假如我們逃跑，匈奴人一定會追擊我們。匈奴人一向善騎射，我們跑不了多遠，就會被匈奴人追上。可是如果我們按兵不動，匈奴人肯定會以為我們有大部隊行動，不敢貿然出擊，因為他們疑心很重。所以現在我們要假裝繼續前進。」

一行人行進到了距離敵營大約兩里的地方，李廣命令士兵停下：「全體停下休息。」於是士兵們紛紛下馬，若無其事地躺在地上休息。匈奴部將非常奇怪，便派一名軍官前去觀察形勢。就在這時，李廣縱身上馬，直奔這個軍官而去，一箭過去，將其射死了，然後又從容地回到原地，繼續休息。

匈奴兵恐慌起來，猜想附近一定有漢人伏兵。一直到了天黑以後，李廣的人馬還是沒有任何動靜。匈奴部將害怕遭遇到突襲，馬上率領部隊趁黑逃跑了。

當時李廣就那麼百十個人，根本沒有什麼大部隊，可是他卻給匈奴騎兵製造了一個有大部隊的假象，鎮靜從容，不慌不忙，從而成功地矇騙了匈奴騎兵，讓自己的百餘騎兵得以安全脫身。這就是鬼谷子「空往實來」的神奇之處。

忤合第六：
進退自如，靈活應變

「忤」，忤逆、背反；「合」，順從、趨合。鬼谷子認為，互相對立是事物的客觀存在，只有精通「以反求合」之術才能順應事物的變化，進而來考察、選擇適合自己的君主，以建功立業。無論是謀臣，還是策士，只要能夠了解自身的情況和對方的能力，便可成功施展忤合術，使自己「乃可以進，乃可以退，乃可以縱，乃可以橫」。

是合是反，因事為制

凡趨合倍反，計有適合。①化轉環屬②，各有形勢。反覆相求，因事為制。

【註釋】

①趨合：趨向融合統一。倍反：朝背逆相反方向發展。倍，同「背」。反，同「返」。適合：適應現實而合於實際情況。②環屬：像圓環一樣連接循環。

【譯文】

任何事情都有趨向於融合統一或是朝著背逆相反方向發展兩種趨勢，尊重這兩種趨勢，是計謀適合與否的關鍵。事物的發展變化，首尾相互連接起來像圓環一樣，用計施謀要想恰當合適，必須能夠像圓環一樣隨著形勢的變化及時應對，或從趨合的方向，或從背反的方向，也就是要依據實際情況制訂相應的措施。

【智慧全解】

鬼谷子說「趨合倍反，計有適合」，意思是說融合統一、背逆相反是事物發展的兩種趨勢，只有遵從這兩種趨勢，才能制訂出恰當的計謀。事實正是如此，要麼與人合作，要麼單打獨鬥，無論做人還是做事似乎只有這兩種選擇。然而在現代社會中，「合」似乎是大勢所

趨，現代社會不再提倡個人英雄主義，僅憑個人的單打獨鬥，做事情很難取得飛躍性的發展。因此，我們要學會與人合作，這是做事成功的關鍵。古今中外，許多有遠見卓識的政治家、企業家都因為做到了這一點，使自己走出了困境，進而取得了成功。

社會生活是紛繁而複雜的，身在其中的我們該如何選擇合作者呢？該「合」誰？該「背」誰？所向與所背的雙方都有著不同的形勢，這就需要我們仔細觀察、認真揣摩，探清實情，然後根據各自的形勢做出正確的判斷和決定。而這正是鬼谷子所強調的「反覆相求，因事為制」。

「趨合」「倍反」，表面上看似乎是兩個水火不容的概念，其實不然，二者是相互依存、相互統一的，你中有我，我中有你，正所謂「分久必合，合久必分」，今天雙方為了生存而相互爭鬥、廝殺，明天說不定就會攜起手來同進同退，結為利益聯盟，世事錯綜複雜，根本沒有永遠的敵人，也沒有永遠的朋友。

與人競爭，甚至是對抗，是生活中必不可少的，而聯合也相當重要，尤其是在分工日益細緻、科技日益發達的現代社會，與人合作顯得愈發重要。如果兩者中我們只做到了一樣，那就無法取得真正的成功，只有根據不同的形勢，兩者兼得，該爭時爭，該反時反，該合時合，才不失為一種聰明之舉。

【閱讀延伸】

戰國時期，魏國攻打韓國，齊國適時向韓國伸出援助之手。齊魏

兩軍在馬陵地區展開廝殺，魏國在這場戰爭中落敗，太子申也被齊軍殺死，魏軍死亡十萬餘人。齊魏兩國似乎成了死敵。

幾年後，惠施做了魏國的相國。魏惠王對惠施說：「馬陵之戰，齊國殺了我們那麼多人，這個仇我終生難忘，從那時起，魏國就是我的仇人，我一定要報仇雪恨。魏國現在雖然弱小，但我仍然想傾盡全部兵力去討伐齊國，相國你覺得怎麼樣？」

惠施一聽，趕緊阻止，他對魏惠王說：「大王，萬萬使不得啊！我曾聽說過這樣的話：有些人之所以能夠王於天下，那是因為他們知道分寸，有些人之所以能夠稱霸天下，那是因為他們計謀得當。可是現在大王告訴我的話，既沒有分寸，計謀又極為不當，這怎麼能成功呢？」

惠施的話令魏惠王極為不解，他急切地問：「相國為什麼會這樣說呢？」

惠施也不拐彎抹角，而是直接說道：「大王原本就和趙國結有仇怨，後來又與齊國交戰，因為戰敗而結了仇怨，國內已經沒有再次發動戰爭的後備了。這種情況下大王卻想傾盡全國兵力去攻齊，這樣的戰爭毫無疑問會失敗。」

魏惠王也明白過來，眉頭鎖得更緊，鬱悶地說：「那可如何是好啊？一天不報馬陵之仇，我一天睡不著覺。」

惠施想了想，對魏惠王說：「大王，臣有一個主意，可以讓您報齊國的一箭之仇。」

魏惠王一聽，眼睛頓時一亮，急問：「快說，你有什麼主意？」

惠施說：「大王可以脫掉王服卑躬屈膝去朝見齊王。」

魏惠王一聽，怒了，「什麼？這就是你的好主意？我找你來是讓你幫我想辦法滅齊的，你卻讓我向仇人低頭，那不是要我的命嗎？」

看到魏惠王生氣，惠施一點也不吃驚，仍然一臉平靜地說：「大王，您先別生氣，聽我向您解釋。如果您向齊國稱臣，表示願意與齊國結盟，這樣一來，魏國百姓的生命就能保全。」

惠施抬頭看了一眼魏惠王，見他在認真傾聽，便接著說：「大王知道，楚國的勢力逐漸強大，楚王一心想稱王，如果讓他知道齊國以王者的身分接待您，楚王一定會極為憤怒，要進攻齊國。讓以逸待勞、兵力強大的楚國去進攻疲憊不堪的齊國，齊國哪裡是對手呢，一定會成為楚國的手下敗將。這樣一來，大王不就利用楚國攻破了齊國嗎？」

魏惠王聽完，拍手叫好：「妙計，妙計。」於是，派使節去齊國通報，說魏王願意向齊王俯首稱臣。

事情的發展果然如惠施所說的那樣，魏惠王接連朝見了齊王三次，楚王得知後，火冒三丈，其他國家也對齊國充滿了敵意。楚王親率大軍討伐齊國，趙國派大軍前來接應，最後，楚趙兩軍在徐州打敗了齊軍。

面對魏國的死敵齊國，魏惠王可謂是恨得牙根癢癢，一日不報仇，一日寢食難安，而惠施卻沒有按照常理出牌，正面與齊國對抗，

他一反常態，讓魏惠王委曲求全，與齊國聯合。這計策聽起來很不合常理，但卻成功激怒了強楚，以楚國的力量打敗了齊國，達到了自己的目的。惠施之計之所以成功，正是因為他能夠根據當時的形勢，做出了正確的判斷，「因事為制」，決斷該合該反。

先而知之，與之轉化

是以聖人居天地之間，立身、御世、施教、揚聲、明名也，
①必因事物之會，觀天時之宜，因知所多所少，以此先知之，與
之轉化。

【註釋】

①立身：安身立命。御世：處理天下各種事務與關係。施教：實
施教化，教化百姓。揚聲：顯揚名聲。明名：顯示名譽。

【譯文】

所以，聖人生活在天地之間，立身處世，治理天下，教化百姓，
傳揚名聲，使之顯揚於外，必定依據事物發展變化的關鍵，看準社會
發展的狀況與趨勢，據此知道並決定自己所做的多與少，根據忤合的
原理能夠事先知道事情所有的發展趨勢，讓策略方針隨著事態的變化
而轉化。

【智慧全解】

在戰場上，計謀對整個戰局起著決定性的作用，誰能做到未卜先
知，誰就掌握住了先機，誰就掌握了戰場主動權；在生活中，計謀則
對人的一生起著決定性作用，誰具有遠見卓識，能夠未卜先知，誰就
能夠成就大事業，創造大財富。正所謂「先事而至」，得算多也，這

也正是鬼谷子強調的「先而知之，與之轉化」，則可「立身、御世、施教、揚聲、明名也」。

然而，能夠掐指一算，前知五百年、後知五百年，做到神機妙算、料事如神、未卜先知，那是神仙才能做到的事情，而普通大眾哪裡比得了、做得到呢？有些人之所以能夠「未卜先知」「先事而至」，其關鍵原因在於他們能夠「因事物之會，觀天時之宜」，具備洞悉事物之間連繫的智慧，能對事物未來的發展趨勢進行相當準確的判斷。

有這樣一則寓言：一隻沼澤地的青蛙看到兩頭犀牛為爭奪一片肥美的草地大打出手，便大驚失色地對同伴們說：「我們趕快離開吧，否則會倒楣的。」其他的青蛙很不解地問：「它們打架關我們什麼事？」這只青蛙答道：「兩頭犀牛爭鬥必有一輸，輸了的一方肯定會離開草地，轉向我們的沼澤地棲身，到那時我們就會被它踩成肉泥。」其他青蛙不以為然，全都一笑了之。結果，鬥輸的犀牛果然來到沼澤地，蛙群受到了嚴重的傷害。

寓言中的那隻提出離開的青蛙之所以知道後來的形勢發展，正是因為它比較了解犀牛、沼澤、青蛙之間的連繫與影響。

世間萬物都是運動著的，運動的事物都在對周圍事物產生著影響，可以說，這世上根本沒有不影響其他事物的事物，也沒有不受其他事物影響的事物。我們經常會說這事或那事跟我沒關係，只是因為事物之間的作用與影響比較小罷了，或者是它們之間的連繫還沒有被我們發現而已。

所以說，要想做到「先而知之」，做到料事如神、應對自如、從

容不迫，就需要在日常生活中，多注意觀察事物之間的連繫，以便抓住有利時機，權衡利弊，及時調整和改變方針政策。比如，有時間多看看報紙，多看看新聞，多了解一下政治、經濟等方面的大事件，通過認真的研究和思考，可以簡單地推斷國家會推出什麼政策，市場、職場下一步的發展趨勢等。了解了這些，我們就掌握了大勢所趨，也就可以分析出事物比較具體的發展方向了。

假如我們能夠做到天天關注，事事關心，那麼「先而知之」也就不算難事了。掌握了未卜先知的本領，成功還會遠嗎？

【閱讀延伸】

三國時期魏國有一位非常優秀的軍事家，名叫鄧艾。此人目光長遠，見解超人，能料敵先機，始終掌握戰場的主動權，他的本事堪比諸葛孔明。

西元二四九年，鄧艾出任參征西軍事，轉任南安（今甘肅隴西東南）太守。當時，蜀衛將軍姜維督軍進攻雍州（今陝西關中及甘肅東部），依傍曲山（今甘肅岷縣東百里）築兩城。

姜維對隴西風俗民情相當熟悉，他想誘羌胡歸蜀，便派牙門將句安、李歆等人駐守兩城，並聯合羌胡人進攻附近各郡。司馬昭命征西將軍郭淮與雍州刺史陳泰統兵抵禦，任命鄧艾為安西將軍。

做戰爭準備時，鄧艾說：「蜀國出兵遠征，其糧草的運輸必然會相當困難，我們可以圍城不攻，與其對峙，時間長了，蜀兵的糧草就會短缺，這樣一來，我們兵不血刃，就能戰勝他們，奪得曲城。」

郭淮採納了他的計策，切斷曲城交通及水源，採取圍城打援之計。很快，蜀軍陷入困頓之境。領兵救援的姜維因郭淮率軍進逼洮水，只好迅速撤回。句安、李歆等人孤立無援，只好獻城投降。

郭淮馬上率領大軍向南進攻羌人各部，魏國在西部的兵力得到了加強，而且跟羌部也取得了聯合。西部戰線呈現了穩定態勢，魏軍很多將領都認為姜維已經力竭，不可能再出兵了。

然而，鄧艾卻不這樣看，他說：「今以策言之，彼有乘勝之勢，我有虛弱之實，一也。彼上下相習，五兵犀利，我將易兵新，器杖未復，二也。彼以船行，吾以陸軍，勞逸不同，三也。狄道、隴西、南安、祁山，各當有守，彼專為一，我分為四也。從南安、隴西，因食羌谷，若趨祁山，熟麥千頃，為之縣餌，五也。」這就是歷史上著名的「五必出之論」。鄧艾分析了以上情況後，判斷姜維一定還會伺機進犯，便命令手下的魏軍在西部築起城堡，把糧食都搬進來，加緊備戰。

事實果然如他所料，三天后，姜維真的命令鎮西將軍胡濟和自己分兵兩路對涼州發動鉗形攻勢，早有準備的鄧艾巧妙地打了個時間差，迅速行軍向姜維指揮的這一路衝來，打敗了姜維。

姜維見蜀軍已經失去了地利之勢，強攻也攻不下來，便在白水南岸紮營，和鄧艾遙遙相對，卻不向魏軍進攻。鄧艾觀察了一下形勢，便對諸將說：「今日姜維在白水南岸安寨紮營，這是在迷惑我們，他必是想暗中從東面襲取白水之北、距駐地六十里外的洮城。」

於是，鄧艾當夜率兵搶占了洮城。不久，姜維果然率重兵奔襲洮

城，見魏軍已搶占洮城，馬上撤軍了。鄧艾乘勢追擊，蜀軍士卒潰散，死傷甚眾。

　　鄧艾可謂是「未卜先知」、料事如神，事事想在了蜀軍之前，走在了蜀軍之前，他之所以能夠做到這樣，關鍵是因為他能夠根據事物之間的連繫，在戰爭中因機制變，他的「五必出之論」的預測更是精彩絕倫，把事情分析得透徹明白。在這場戰役中，鄧艾「先而知之」，始終掌握著戰役主動權，並最終取得了勝利，徹底扭轉了魏、蜀兩方的形勢，改變了魏軍在西部戰線敗多勝少的局面。從此，蜀軍再也沒有力量發動像洮西大捷那樣的戰役了。

站穩立場，隨勢而變

世無常貴[1]，事無常師。聖人無常與，無不與；無所聽，無不聽。成於事而合於計謀，與之為主[2]。合於彼而離於此，計謀不兩忠，必有反忤。[3]反於此，忤於彼；忤於此，反於彼。其術也[4]。

【註釋】

①世無常貴：世上沒有能夠保持永久富貴的人。這裡包含了深刻的辯證觀點。②主：根本。③不兩忠：不能同時忠於兩方。反忤：反，同「返」。即合與背。④術：即反忤之術。

【譯文】

這個世界上，沒有永恆富貴之人，也沒有永恆不變的師法對象。聖人做事，沒有永恆不變的贊同或不讚同，也沒有永恆不變的聽從或不聽從。聖人做事，往往以事情能否獲得成功、計謀是否切合實際為根本。計謀如果合乎這一方的利益，就必定背離那一方的利益，不可能同時適用於相反的雙方，一定會出現相合與相逆的情況。所謂忤合之術，就是合於彼就一定逆於此，合於此就必定逆於彼。所以，我們要根據實際情況靈活運用忤合之術。

【智慧全解】

鬼谷子的忤合之術，就是「反於此，忤於彼；忤於此，反於

彼」。這並不是說運用忤合之術，就沒有了立場，就可以像牆頭草一樣，風往哪邊吹，就往哪邊倒。任何時候，人都得站穩立場，有原則、有立場，以道義或局勢為基礎，堅持走自己的道路。

提起牆頭草，總能讓人不由自主地想起那個關於蝙蝠的寓言：很久以前，鳥類和走獸因誤會爆發了一場戰爭，蝙蝠是個膽小鬼，戰爭一開始，它就躲在一邊。剛開始，鳥類占了上風，蝙蝠便去投靠鳥類。可後來，走獸又占了上風，蝙蝠急忙從鳥類的隊伍裡跳了出來，又加入了走獸。最後戰爭結束了，大家言歸於好，蝙蝠不知該站在哪一方好了。而大家都看清了蝙蝠兩面派的嘴臉，把它趕出陽光之外。自此蝙蝠只能躲在黑暗中偷偷飛行了。

蝙蝠兩面三刀，見風使舵，沒有立場，短時間內或許可以得到一點好處，站在勝利的一方，總能躲過災難，可是這種好日子是不會長久的，它的伎倆最終被識破，受到了眾鳥獸的痛斥，從此只得孤零零地飛行在黑暗之中。現實生活中也是如此，那些投機取巧的人，或許能獲得暫時的利益，但時間一久，人們就能發現他們的虛偽，不願與之為伍。那樣，他們失去的不僅僅是騙來的成果，更可怕的是他們將失去來自他人的信任。儘管如此，現實生活中仍然會有不少像蝙蝠一樣沒有立場的人，「騎馬找馬」者有之，「腳踏兩條船」者有之，他們自認為最安全、最穩定的辦法，卻常常會給自己帶來不可挽回的損失和災難。

有句話說得好：「走自己的路，讓別人去說吧！」權衡好當前形勢，明白自己的需求，堅持走自己所選擇的道路，這才是一個人獲得成功的前提。很多成功人士在成功之前，都會精心設計自己的人生，

在發現自己真正要做的事情後，他們會堅持自己的原則和立場，堅定不移地走自己的路！

【閱讀延伸】

　　商鞅變法後，秦國國力增強了不少，逐漸成為七雄中實力最強的國家。為了擴大疆土，進一步增強實力，秦惠文王屢屢舉兵進犯中原，掠奪各國，弄得各國的君王終日惴惴不安，寢食難安。

　　為了不被秦國吞併，楚懷王聯合魏、韓、趙、齊、燕五個國家，會盟定約，建立起了六國共同抗擊秦國的合縱聯盟，大軍西向伐秦，直撲秦國戰略重地函谷關。

　　當時的楚國國富兵強，還是有一定戰鬥力的，但是楚國一向施行的是與秦國交好的政策。楚懷王此番與五國結盟，名義上是「縱約長」，其實質上並沒有多少誠意，根本沒派出主力去助戰。戰爭一開始，楚軍就早早退出戰鬥，導致六國的第一場戰鬥就失去了有利之勢。

　　首戰失利以後，楚懷王對其他國家說：「伐秦是我們六國的國策，絕對不可動搖。我命令，無論如何都不許停戰！」他嘴上這樣說著，暗地裡卻派人先他人一步跑到秦國請求停戰。一場六國攻秦的戰爭，演變成了爭先投降的可恥比賽，合縱破產。

　　為了徹底打破六國合縱聯盟，而後各個擊破，以更順利地擴大秦國版圖，秦國相國張儀毛遂自薦，代表秦國出使楚國，說服楚懷王遠離六國聯盟。張儀來到楚國後，便向楚懷王許諾，只要楚國與齊國斷

交，秦國就把商於之地六百里贈予楚國。

在那個戰爭年代，領土就意味著強大，何況楚懷王這個對土地有著強大占有欲的人呢？他見不費一兵一卒、一槍一彈就能得到祖先們曾經擁有的六百里的土地，心裡頓時樂開了花，於是便拒絕了陳軫、屈原等忠良的反對，同意了張儀的條件。

接下來，楚懷王一邊派人與齊絕交，一邊派人隨張儀到秦國接受土地。可是，在即將進入咸陽的時候，張儀卻找了個藉口逃跑了，楚國使者多次求見受地，都被張儀稱病，以無法辦理國事為由拒絕了。

轉眼三個月過去了，楚國使者一直沒見到張儀的蹤影，心急如焚之下，只得向秦王呈上求見書，見到秦惠文王，楚使述說了與張儀的約定，秦惠文王聽後，大吃一驚——當然是裝的——說：「既然張相國已經向你們許諾過，那我們大秦豈有不認之理？我們一定會割地給你們的，只不過，我至今還沒有聽到齊楚斷交的消息啊！」

楚國使者馬上向楚懷王匯報，楚懷王以為是齊楚斷交過於緩慢了，馬上派一位猛士去齊國，大罵齊國國君。齊國國君極為憤怒，馬上宣布與楚國斷交，還派人到秦國，與秦國結成了聯手伐楚的聯盟。這一下，楚懷王如意了。

張儀見時機成熟，立即上朝宣見楚國使者，商議送商於之地一事：「楚國與齊國斷絕關係的事情我已經知道了，我馬上兌現承諾，把自己的封地六里地割讓給楚國。」

楚國使者一聽，傻了眼：「什麼六里？相國當初不是說六百里地

嗎？現在為何只有六里？」

「秦國的每一寸土地，都是秦國將士用鮮血換來的，我怎麼能夠擅自做主？」張儀反唇相譏，一臉理所當然的樣子，「我當初答應的是在商於的封地六里地，而非六百里地！」

滿心歡喜欲得到六百里地的楚懷王知道只有六里地後，氣得直吐血，堂堂一國之君怎麼會甘受這種欺騙？他馬上舉兵伐秦，要討回一個公道。然而一個秦國他都撼動不了，何況又加上一個齊國呢？在秦齊兩國的夾擊下，楚軍大敗而歸，一場戰役下來，楚國就失去了八萬精兵，秦軍盡取楚國漢中之地六百里。

六國合縱抗秦，本是上上之策，楚懷王本可以借此稱霸中原，可是他因為沒有決斷力，畏懼強大的秦國損害自己的利益，不但不派主力助戰，還率先退出戰鬥，向秦國求和，他的作為不僅辜負了楚國人民的厚望，還辜負了其他五國的重託。像他這種陽奉陰違、沒有立場的人，只能落得受人愚弄、一敗塗地的悲劇結局。

楚懷王的悲劇怨不得別人，只怪他立場不堅定，在合縱和連橫的態度上搖擺不定，先是因貪慕縱橫家張儀允諾的六百里土地，與齊絕交。然後，得知被騙後，又怒而出兵攻秦，根本不管當時形勢。軍事上樹敵過多，國勢日漸衰落，在不到十五年的時間內，楚懷王就將一個當時最為強大的楚國，敗得千瘡百孔，滿目瘡痍。楚懷王本人也因「六百里」變成「六里」而成為眾人的笑柄。

高瞻遠矚，進退自如

用之於天下，必量天下而與[1]之；用之於國，必量國而與之；用之於家，必量家而與之；用之於身，必量身材能氣勢而與之。[2]大小進退，其用一也。[3]

【註釋】

①與：施予，實施。②身：個人。材能：才智和能力。氣勢：品行、權勢。③大小：對象的大小。一：基本規律一樣。

【譯文】

如果把忤合之術運用到管理天下上，一定要根據天下的實際情況而實施；運用於治理國家上，一定要根據諸侯國的實際情況而實施；運用到治理卿大夫封地上，一定要衡量封地的實際情況而實施；運用到處理人與人之間的關係上，一定要根據這個人的才能、品行、地位等情況來實施。無論對象是大是小，策略是進是退，運用的原則都是一致的。

【智慧全解】

俗話說：「站得高，看得遠。」一個人的眼光決定他前進的距離，世界上最窮的人不是身無分文的乞丐，而是目光短淺的人。一個人目光短淺，永遠看不到廣闊的天空，永遠看不到外面世界的精彩，

當然他就只能固守在眼前的位置躊躇不前，無法超越。所以鬼谷子說：「用之於天下，必量天下而與之；用之於國，必量國而與之；用之於家，必量家而與之；用之於身，必量身材能氣勢而與之。」其中倡導的主張就是要「站得高」，才能「看得遠」，「大小進退，其用一也」。

經常有人抱怨，抱怨自己生不逢時，抱怨自己沒有顯赫的家世，身邊沒有貴人相助，看樣子自己只能這樣碌碌無為地度過一生了。如果真的這樣想，那麼這個人肯定只能庸庸碌碌地過一生了，就算有機遇從他眼前飄過，他也把握不住，因為他的目光太短，視野太窄，眼睛只看到巴掌大的地方，哪裡能看到機遇的到來呢？

縱觀歷史，但凡有所作為的人，並不是因為他們有多高的地位，有多大的權勢，而是因為這種人從來不滿足於自己當下所處的位置，他們高瞻遠矚，把目光投向遠方，定格在更高的一層，並朝著那個方向腳踏實地地努力奮鬥。可以說，是遠大的目光決定了他們前進的方向，是高瞻遠矚成就了他們的優秀。

秦末農民起義領袖陳勝曾悲嘆：「燕雀安知鴻鵠之志哉！」由此可看出此人是一個有著遠大志向的人，試想，如果當初他沒有這樣的認識，沒有把自己的目光投向高處，沒有為自己立下「鴻鵠之志」，我們還能聽到那一聲「王侯將相，寧有種乎」的吶喊嗎？歷史上還會出現這麼一位英雄豪傑嗎？

站得高，才能看得遠，這是一條亙古不變的真理。當前的位置高低不是關鍵，關鍵是看你有怎樣的眼光。把眼光放長遠一點，擁有戰

略性的眼光，才能縱觀全局，認清當下的形勢，才能把握住奮鬥的方向，才能進退有度，更好地為自己的將來做打算，為自己更寬廣的眼界做鋪墊。

紅頂商人胡雪巖曾說：「如果你擁有一縣的眼光，那你可以做一縣的生意；如果你擁有一省的眼光，那麼你可以做一省的生意；如果你擁有天下的眼光，那麼你可以做天下的生意。」強調的正是高瞻遠矚、目光遠大的重要性。大凡成功人士，在決策時都會從全局著眼，從戰略性目標考慮。

高瞻遠矚，擺脫現狀，才能進退自如，才能達到自己的最終目標。鬼谷子的策略不會錯，「大小進退，其用一也」。

【閱讀延伸】

西元前二〇二年，劉邦一舉平定了天下，後面他要做的事情就是在何處定都了。當時跟隨劉邦打天下的謀士將領，大多是洛陽附近的人，所以這些人紛紛建議把都城定在洛陽。

婁敬卻不這樣認為。此人當時是齊國的一名戍卒，被發往隴西（今甘肅一帶）戍邊。經過咸陽的時候，他聽說劉邦要將都城定在洛陽，趕緊托同鄉虞將軍要求面見劉邦。幾經波折，婁敬終於見到了劉邦。一見面婁敬就大膽問道：「聽說陛下有意以洛陽為京城？」

劉邦坦白回答：「是的，我確實有這個想法。周朝定都洛陽，擁有天下數百年，興盛一時。」

「陛下，使不得啊，您有所不知，將都城定於洛陽，有很大的危險啊！」婁敬非常憂心地說。

劉邦不解，忙問：「哦？此話怎講？洛陽南向洛水，而且還有充足的糧食，將都城定在這裡不是很好嗎？」

「周朝建都洛陽，是靠德政感召人民。周朝鼎盛時期，四方歸附，萬民臣服，然而衰敗以後就不能控制天下，不是恩德太少，而是形勢太弱。」婁敬解釋道。

劉邦聞言，陷入沉思，並示意婁敬繼續說下去。

婁敬接著說：「陛下自起事以來，大小戰爭經歷了一百多次，如今的洛陽已不可與過去同日而語，而是瘡痍滿目、傷痕纍纍了，在這樣一片無險可守、荒蕪貧瘠的土地上，怎麼能建起一座堅不可摧的都城呢？」

劉邦覺得有道理，便謙虛地問道：「那先生覺得都城應該建在何處呢？」

婁敬也不謙虛，直截了當地說：「依我看來，不如建都於長安。關中土地肥沃，百姓富足，再加上有高山被覆，黃河環繞，四面邊塞可作堅固的防線，即使危機出現，也憑險可守，免於身陷重圍。」

漢高祖認真思考了婁敬的話，覺得頗有道理，便找來一向非常信任的張良商量。

張良聽了婁敬的敘述後，也沉思良久，才說：「洛陽確實有一些

可以防禦的險阻，但是周圍的地區太狹小，只不過數百里，不是用武之地！而關中左邊有崤函，右邊有隴蜀，再加上廣闊的沃野，可以說是位置極佳。如果諸侯有變，便可順流而下，有充足的物資可以供給前方，婁敬確實說得很有道理呀！」

聽了張良的肯定，劉邦也不再猶豫，當下就決定把都城建在長安，並立即下令：即日駕車西入關中，並決定以長安為京都，開始有計劃地進行建設。

後來發生的很多事都證明了當初定都關中的正確，比如戰勝英布等謀反諸侯的事情。劉邦不止一次地感慨：「是婁敬最早主張在秦地建都的啊！」後來，劉邦賜婁敬國姓劉，還給他加了官晉了爵。

劉邦的文臣武將們之所以主張建都洛陽，有的是為了自己的私利，有的只著眼於洛陽一地的形勢，就連劉邦自己也只看到了洛陽曾是強大的周朝的都城，而且糧食充足這些蠅頭小利，想把洛陽定為都城。只有婁敬、張良著眼於大局，對天下政治、經濟大勢進行了一番全面的分析，主張把都城定在長安，他們把目光投向更遠更高的天下全局，所以才制定出了高瞻遠矚的戰略。

謀慮計定，而後行之

必先謀慮計定，而後行之以飛箝之術^①。

【註釋】

①行之以飛箝之術：意思是指運用飛箝之手段達到忤合的目的。陶弘景註：「將行反忤之術，必須先定計謀，然後行之，又用飛箝之術以彌縫之也。」

【譯文】

必定先用忤合之術做好周密的計謀，然後用飛箝之術來作為補充手段，從而實現它。

【智慧全解】

運用忤合之術，選擇順和還是背反的時候，要先認識清楚客觀情況，再度量好主觀條件，然後才能在主客觀條件都明了的基礎上制訂出相應的計謀。

鬼谷子所提倡的「先謀慮計定，而後行之」的策略，其實就是我們常說的「謀定而後動」，說白了就是做事之前要有所計劃，有所準備。我們知道，大凡出色的演員在拍戲時，通常每場戲都會準備好幾種甚至是十幾種表演方式，以供導演選擇，演員的做法就是「先謀慮計定，而後行之」。

提前做好謀劃，做好充分準備是做事成功的前提條件。古往今來，很多本來可以成功的事情，很多可以名垂千古的英雄，往往因為沒有準備而遺恨終生，遺恨千古。比如項羽，因為對劉邦背約偷襲沒有謀慮，因而敗亡，無顏見江東父老，烏江自刎；比如關羽，因為對東吳沒有預先提防，而敗走麥城；再比如愷撒，對那群元老們沒有準備後續計策，落得個死於亂刀之下的結局。

　　正所謂「有謀才能心定，心定才能意堅，意堅才能無畏」，只有「先謀慮計定」，才能做到有的放矢，有勇有謀，這樣做事，還愁事情不成嗎？

　　鬼谷子還說，制訂好順和或背反的基本計謀後，接下來就去執行這個計謀，執行的過程中，通常還要配合飛箝之術才能使事情順利達成。這是因為，要想使我方計謀順利實施並成功，要依靠我方對局勢和對方的掌握和操控，如果能夠使用飛箝之術將對方牢牢掌控，那麼，我們在實施忤合之術的計策時，就不會受到過多不確定因素的干擾了。

【閱讀延伸】

　　西元二○八年，曹操舉兵南下，而就在這一年，東漢皇族劉表去世，他的兒子劉琮繼位。

　　這一年，劉琮敗北，投降了曹操。劉表麾下的劉備帶領兩萬人退到了夏口，曹操率領二十萬大軍逼向劉備。弱小的劉備哪裡能抵擋得了呢？於是劉備便派諸葛亮出使江東，說服孫權共同抗曹。

曹操大軍與孫劉聯軍在赤壁遭遇，一交手，曹軍就落於下風，於是便退到江北，與孫劉聯軍隔江對峙。曹軍戰船很多，士兵又多是北方人，為了使戰船更穩，曹軍就把所有戰船用鐵鏈連在了一起。周瑜的部將黃蓋針對敵強我弱、不宜持久及曹軍士氣低落、戰船連接的實際情況，建議採取火攻，奇襲曹軍戰船。周瑜採納了這一建議，制訂了「藉助風勢，以火佐攻」，因亂而擊之的作戰方略。

周瑜利用曹操驕傲輕敵的弱點，先讓黃蓋寫信向曹操詐降，並與曹操事先約定了投降的時間。曹操不知是計，欣然應允。於是，黃蓋率艨艟（一種快速突擊的小船）、鬥艦數十艘，滿載乾草，灌以油脂，並巧加偽裝，插上旌旗。同時預備快船繫掛在大船之後，以便放火後換乘，然後揚帆出發。當時，江上正猛刮著東南風，戰船迅速向曹軍陣地接近。曹軍望見江上船來，均以為這是黃蓋如約前來投降，皆「延頸觀望」，絲毫不加戒備。

黃蓋在距曹軍不到一里時，下令各船同時點火。一時間火烈風猛。船往如箭，直衝曹軍戰船。曹軍船隻首尾相連，分散不開，移動不得，頓時便成了一片火海。這時，風還是一個勁地猛刮，熊熊烈火一直向岸上蔓延，燒到了岸上的曹軍營寨。

曹軍將士被這突如其來的大火燒得驚慌失措、鬼哭狼嚎、潰不成軍，燒死、溺死者不計其數。在長江南岸的孫劉主力艦隊乘機擂鼓前進，橫渡長江，大敗曹軍。

曹操被迫率軍由陸路經華容道向江陵方向倉皇撤退，行至雲夢時曾一度迷失道路，又遇上大風暴雨，道路泥濘不堪，以草墊路，才使

得騎兵得以通過。一路上，人馬自相踐踏，死傷纍纍。孫劉聯軍乘勝水陸並進，窮追猛打，擴大戰果，一直追擊到南郡。曹操留曹仁、徐晃駐守江陵，樂進駐守襄陽，自己則率領殘兵敗將逃回北方。赤壁大戰至此以孫權、劉備大獲全勝而宣告結束。

赤壁之戰中，周瑜不僅使用了詐降計、苦肉計，更使用了飛箝計、連環計，充分利用了曹操驕傲輕敵的心理特點，以及北方人不善水戰的致命弱點，以火攻導致了魏軍的慘敗。在這一連串的計策中，周密的謀慮是關鍵，否則任何一個環節出現差錯，都有可能導致整個戰局的變化。「謀慮計定，而後行之」，才能有必勝的把握。

看清時勢，利我則合

　　古之善背向者，乃協四海，包諸侯，忤合之地而化轉之，然後求合。①故伊尹五就湯，五就桀，而不能所明，然後合於湯；呂尚三就文王，三入殷，而不能有所明，然後合於文王。此知天命之箝②，故歸之不疑也。

【註釋】

　　①背向：即忤合。背，背離，即「忤」。向，趨向，即「合」。協：服從，即對對象的掌控。②天命之箝：即天命所歸。古人認為朝代興衰是天意，天意歸誰，誰便興盛。

【譯文】

　　古代那些善於實施忤合之術的人，能夠把天子和諸侯都掌控在自己的手中，運用「忤合」之術去駕馭他們，使對方根據自己的實際情況而改變，然後與之相合。所以，伊尹曾經五次歸附商湯、五次歸附夏桀，但心裡還不明白投奔誰，最終合於商湯而受到賞識、重用；呂尚曾三次依附周文王、三次依附殷紂王，但心裡還是不明白到底要投奔誰，最終離開紂王而投奔了周文王。經過反覆的忤合，最終知道了天命所歸，所以他們最後一次歸附後就再也沒有懷疑過。

【智慧全解】

　　人生在世，誰都有面臨抉擇，處於十字路口徘徊的時候，是該忤

還是該合呢？古有伊尹五就湯、五就桀，最後合於湯，呂尚三就文、三入殷，最後合於文。由此可見，選擇一個明主並不是那麼容易的，都是經過反覆忖合，最後才知道了天命所歸，選定自己的歸屬。處於十字路口時，要想選準方向，跟對人，一定要了解世界萬物的發展規律，認清自我，看清形勢，這樣才能知己所往。

在這個世界上，凡事皆有陰陽，萬物皆有變化，無論是世事還是人生都是一個不斷變化的過程，今天富貴者，十年後不一定還富貴；今天貧困者，十年後不一定依然貧困；今天是至交好友，十年後說不定就成了陌路人；今天是死對頭，十年後很可能就成了生死之交。這就是我們常說的「三十年河東，三十年河西」。因此，在選擇方向與歸屬的時候，一定要知萬物之陰陽之理，世界之變化之道。

老話說得好：男怕入錯行，女怕嫁錯郎。跟隨一個「不利於我」的人，是很可怕的。生於亂世，最怕跟錯人，跟錯了就淪為逆賊流寇，跟對了就能成為將相王侯。當今社會也一樣，跟對了上司，就能才華盡施，飛黃騰達；跟錯了，輕則坐冷板凳，重則被「炒魷魚」。所以鬼谷子才強調「利我則合」。

處於選擇的當口時，一定要看清形勢，分清雙方狀況，才能做出正確抉擇。要做到這些，首先，要摒棄俗見，合於我者，可投之，可用之；其次要能預知時勢，要敢於站在新的一方，去背反舊的一方，這樣才能成就大業；其次，要有不同凡響的才智，才能成就一番大事業。在此之前，還要搞清楚自己是不是正處於十字路口。如果你一直麻木不仁，壓根兒不知道今夕是何夕，那就只能坐等敗亡，「忤」「合」的問題也就不存在了。

【閱讀延伸】

　　秦二世時，有一名儒士名叫叔孫通，此人學識淵博，很有智慧，被朝廷召來做了待詔博士。

　　秦末的暴政激起農民揭竿起義，秦二世召集眾博士商議應對之策。絕大部分博士都勸諫秦二世儘早發兵鎮壓，只有叔孫通一臉淡然，說：「明主在上，法令具於下，哪裡會有叛反之人呢？那些人只是一群雞鳴狗盜之徒罷了，根本不必放在心上。讓各郡按罪抓捕就可以，有什麼可擔憂的？」叔孫通一番話可謂是極盡諂媚的阿諛之語，秦二世聽了當然很受用，當即就哈哈大笑，讚道：「說得好！」秦二世又問其他人天下形勢是不是像叔孫通說的那樣，其他人有的堅持說是反叛，有的則依附叔孫通的說法。於是秦二世根據眾博士各自的言論，將說是反叛的都抓捕下獄治罪，而對叔孫通則大加封賞。

　　議完政事，各自回家，那些依附叔孫通之說的博士們也隨著叔孫通到了他家。大家關上門後才露出原意，紛紛問叔孫通：「先生今天不太一樣啊，為什麼會在宮裡說出那樣的諂媚阿諛之辭？」叔孫通長嘆一聲，說：「你們哪裡知道，今天我差點丟了性命啊！」

　　為了保全性命，叔孫通當晚就簡單收拾了一些細軟，逃離了咸陽。叔孫通可謂是一個通曉天下形勢之人，他知道自己到了選擇的時候，此時的他雖然還不知道自己的歸宿在哪裡，但已經明白自己留在咸陽是一定會出事的，所以他毅然決然地選擇了「背反」暴秦。

　　從咸陽逃走後，叔孫通先是回到了家鄉薛地。此時，秦末起義正如火如荼地進行著，項梁、項羽的義軍已經占領了他的家鄉，於是叔

孫通就加入了楚軍，投奔了霸王項羽。轉瞬到了楚漢相爭時期，漢高祖率軍攻下了彭城，叔孫通分析了形勢後，又降了高祖。可是高祖在彭城立足未穩，就被楚軍打敗了，高祖倉皇逃出彭城。此時，叔孫通完全可以留在彭城，因為項羽一向尊重儒士，絕對不會因為叔孫通投降過漢軍而責罰或刁難於他。但是，叔孫通沒有那樣做，他毅然選擇跟隨為了逃命連自己兩個子女都棄之不顧的漢高祖。他之所以如此不顧性命地追隨漢高祖，原因只有一個，那就是他認定漢高祖才是真正的明主，可以平定天下，是一個能夠給百姓帶來福利的明君。叔孫通的這個選擇，顯然還看不到有什麼美好的未來，但他相信自己的選擇沒有錯。

當時，漢高祖為了爭霸天下，比較重視武將，對儒生們並不重視，於是，叔孫通就換掉了自己一直穿著的儒服，改穿楚服。高祖拜叔孫通為博士，號稷嗣君。當初跟隨叔孫通一起侍奉漢高祖的有一百多弟子，這些人看到老師向漢高祖推薦的都是一些江湖草莽，根本不提及自己，都有些生氣，在背後罵道：「我們跟隨先生這麼多年了，他得到漢王的重用，卻把我們都拋在了一邊，專舉薦一些草莽奸猾之徒給漢王，真不明白先生打的是什麼算盤。」沒想到，這話很快傳到了叔孫通耳中，叔孫通向弟子們解釋道：「如今漢王正處在爭奪天下的階段，你們可以去戰場上拚殺嗎？所以我才舉薦那些可以為漢王衝鋒陷陣的人。請你們再耐心等待些時候，我不會忘記你們。」

西元前二〇二年，漢高祖平定了天下，建立了西漢，由叔孫通籌理登基禮儀諸事。之後，叔孫通又為大漢制定了君臣禮儀和其他必要的禮樂制度。他的眾弟子也受其舉薦，得到了漢高祖的重用。

叔孫通之所以能夠盡情施展自己的才華，正是因為他能夠審時度勢，認清誰能對他有利。試想，如果他一直追隨秦二世或項羽，就算他能僥倖保全性命，那他一身的本事也無從施展，哪裡還有機會去制定大漢的禮樂制度？如此一來，儒家的禮樂傳承豈不是要受到嚴重的影響？後世的我們哪裡還知道歷史上有過叔孫通這樣一位學富五車的儒生呢？

度己知人，縱橫天下

　　非至聖達奧①，不能御世；非勞心苦思，不能原事②；不悉心見情，不能成名；材質不惠③，不能用兵；忠實無真④，不能知人。故忤合之道，己必自度材能知睿⑤，量長短遠近孰不如。乃可以進，乃可以退，乃可以縱，乃可以橫。

【註釋】

　　①達奧：窮達、通曉深奧玄秘的事理。②原事：窮盡事物的原理。原，追溯、考究淵源。③惠：同「慧」，聰慧。④忠實：忠於實際。真：真誠。⑤知睿：知，同「智」，智慧，指聰明才智。

【譯文】

　　如果不能像聖人那樣洞悉深奧隱秘的世理，就不能立身處世、治理天下；不能費盡心神地去思索，就不能追溯、究察事物的本原；不能精心地去發現事物的本質，就不能給事物以成功的命名，以達到名實相符的目的；個人才能氣質不佳，穎悟聰慧不夠，就不能用兵打仗；為人處世雖然忠於實際但沒有真誠的態度，就不能真正了解別人。所以，運用忤合之術，一定要先估量自己的才能和智慧，估量自己與對方之間的優劣短長，確定對方不如己方之後再實施。這樣就可以進退自如，縱橫天下了。

【智慧全解】

鬼谷子說：「故忤合之道，己必自度材能知睿，量長短遠近孰不如。」在這裡，鬼谷子再次強調，「度己知人」，才能進退自如，縱橫天下。

在古代，臣子們所追隨的君主是賢是愚，直接影響著他們未來的發展。假如他們跟隨一個賢明之主，那他們就幸運了，他們就可以受到重用，施展自己的才華。與之相反，如果他們跟隨了昏庸無能之輩，那他們就有罪受了。在一個昏君手下做事，是相當危險而困難的，不但自己一身本事無處可施，還有可能遭到禍害。因為昏庸的君主通常無法正確地看待人和判斷事，對忠直之臣產生猜疑猜忌之心，卻喜歡那些奸邪善媚之徒。這樣一來，賢臣們哪裡還有好出路、好下場呢？歷史上不是出現過很多受到君主冷遇和迫害而身陷囹圄或人頭落地的忠臣嗎？岳飛就是典型的一個。當然也有一些幸運之人，因為能得到君主的信任，而將自己一身本領盡情施展。其實，這些人的命運並不能完全歸於幸運，主要原因還在於他們都能夠度己知人，認清時勢，採用靈活多變的策略讓君主認同自己。

在這個世上，不管是人還是事，都是複雜而多面的。如果自己沒有真知灼見，察人不明，就無法看清局勢，認清自己，更無法了解自己的對手和敵人。因此，我們與人打交道，要學會冷靜觀察，勤於動腦，度己知人，進而做出正確的判斷。只有這樣，才能辨別真偽、分清好壞，才能正確地把握事物陰陽，合理地制訂策略。

要想成就大事業，謀取大成就，我們首先要了解自己，看清別

人，不要做愚忠呆實的人。岳飛可謂是一個雄才大略之人，可是他的愚忠矇蔽了他的雙眼，最終導致他不但沒能實現自己的抗金救國的宏願，還落了個莫須有的罪名含冤而亡。這實在是一個大悲劇。所以，成就大事就要選擇明主，選擇明主就要具有察人之明，而這一切的前提就是先弄清楚自己的實力，以免盲目進取，導致無功而返。

【閱讀延伸】

東漢末期有個非常傑出的謀士名叫郭嘉。此人從小胸懷大志，對時勢尤為關心。二十歲時，郭嘉就預測到天下終將大亂，而大亂則是他發揮才華、施展抱負的大好機會。於是，他隱居起來，以候時機。另外，他還悄悄結識了很多當時很有才華的人。

後來，郭嘉聽說北方的袁紹勢力日益強大，於是他就帶領一群朋友投奔了袁紹。袁紹看重郭嘉滿腹才學，對他很是器重。郭嘉原以為在袁紹處能成就大業，可是，隨著時間的流逝，郭嘉發現袁紹是一個優柔寡斷之人，而且用人不明，這種人哪裡能成就大事呢？他勸說同去之人一起離開，可是那些人不以為然，郭嘉只得獨自離開。

郭嘉聽說曹操正在廣招名士，便前往投奔。曹操召見郭嘉時，詢問起有關袁紹的情況，於是郭嘉就說出了著名的「十勝十敗」之論。郭嘉向曹操獻計，建議曹操乘袁紹攻擊公孫瓚之機，出兵攻打呂布。這樣既可以擴大曹軍實力，又可以避免以後與袁紹交戰時呂布從側翼威脅曹軍。

曹操對郭嘉的遠見卓識甚為敬服，感嘆道：「使孤成大事者，必

此人也。」郭嘉也看出曹操是一個雄才大略之人，認為此人才是自己的明主，便當上了曹操參謀軍事之官——官師祭酒，為曹操的南征北戰出謀劃策，盡心儘力。

後來，曹操採納郭嘉的計策，出兵攻打呂布，曹軍勢如破竹，先破彭城，再敗呂布，然後包圍下邳，取得了一連串的勝利。呂布堅守下邳不出，曹操屢屢攻打不克，便想退軍。郭嘉趕緊勸阻：「呂布雖勇，但並無謀略，現在他三戰而敗，銳氣已經衰減，三軍將為首，將衰則軍衰。陳宮雖有謀，但其反應遲鈍。現在我們應該乘呂布銳氣還沒恢復，陳宮計謀還沒設定的時候，進軍急攻，這樣一定能徹底打垮呂布。」

曹操覺得郭嘉所說有一定道理，便依計行事，結果，果然於那一年的十二月攻下了下邳，擒殺了呂布。

建安四年（西元199年），袁術進犯，曹操欲派劉備前去抵抗。郭嘉一聽大驚，趕緊阻攔：「不可，讓劉備去，他一定會反。」然而，這次曹操沒有聽他的，結果劉備果如郭嘉所說，殺了徐州刺史車胄，反叛了曹操，曹操兩面受敵，後悔得腸子都青了。這時曹操想出兵滅掉劉備，然後攻擊袁術，大多數人都擔心袁紹會從背後偷襲，曹操因此而遲疑不決，這時郭嘉對曹操大力支持，他分析道：「袁紹是個猶豫不決之人，他一定不能迅速做出反應，而劉備剛反，立足未穩，迅速攻之，其必敗。然後我們回師對付袁紹。這是我們的大好機會，不可失去。」曹操聽後，下定決心，從官渡回師攻擊劉備，結果大勝，還俘虜了關羽，奪取了下邳。

這一戰後，曹操更加信任郭嘉，幾乎每次出征，都讓其跟隨左右，每逢軍國大事議論紛紛之時，郭嘉總會在充分了解對方的基礎上，提出自己獨到的見解。

　　選擇一個明主，是一件相當不易的事，它需要你具有真知灼見、察人之明，能度己知人。郭嘉做到了。如果郭嘉不充分了解天下形勢，看不出袁紹是無能之輩，或許他會一直跟隨其左右，那麼，他也就會錯過曹操這樣一個雄才大略的明主。郭嘉的故事是對鬼谷子「己必自度材能知睿，量長短遠近孰不如。乃可以進，乃可以退，乃可以縱，乃可以橫」的最好詮釋。

昌明文庫·悅讀國學 A0602014

《鬼谷子》智慧全解 上冊

作　　者	丁　一
版權策畫	李煥芹

發 行 人　林慶彰

總 經 理　梁錦興

總 編 輯　張晏瑞

編 輯 所　萬卷樓圖書股份有限公司

臺北市羅斯福路二段 41 號 6 樓之 3

電話　(02)23216565

傳真　(02)23218698

出　　版　昌明文化有限公司

桃園市龜山區中原街 32 號

電話　(02)23216565

發　　行　萬卷樓圖書股份有限公司

臺北市羅斯福路二段 41 號 6 樓之 3

電話　(02)23216565

傳真　(02)23218698

電郵　SERVICE@WANJUAN.COM.TW

ISBN 978-986-496-491-8

2021 年 2 月初版四刷

2019 年 3 月初版一刷

定價：新臺幣 360 元

如何購買本書：

1. 轉帳購書，請透過以下帳戶

合作金庫銀行　古亭分行

戶名：萬卷樓圖書股份有限公司

帳號：0877717092596

2. 網路購書，請透過萬卷樓網站

網址　WWW.WANJUAN.COM.TW

大量購書，請直接聯繫我們，將有專人為您

服務。客服：(02)23216565　分機 610

如有缺頁、破損或裝訂錯誤，請寄回更換

版權所有·翻印必究

Copyright©2021by WanJuanLou Books CO., Ltd.

All Rights Reserved　　　Printed in Taiwan

國家圖書館出版品預行編目資料

<<鬼谷子>>智慧全解 / 丁一著. -- 初版. -- 桃
園市：昌明文化出版；臺北市：萬卷樓發
行, 2019.03

　冊；　　公分

ISBN 978-986-496-491-8(上冊：平裝). --

1.鬼谷子　2.研究考訂

121.887　　　　　　　　　　　108003220

本著作物經廈門墨客知識產權代理有限公司代理，由華中科技大學出版社授權萬卷樓
圖書股份有限公司（臺灣）、大龍樹（廈門）文化傳媒有限公司出版、發行中文繁體
字版版權。